교육, 시로 그리다

이세진 · 이유석

선생님이 묻고 선생님이 답하다

박영story

들어가는 글: 인공지능시대의 교육을 묻다.

세상은 언제나 끊임없이 변화하며 새로운 시대를 맞이한다. 지난 3년간도 그렇다. 2020년부터 코로나 바이러스가 창궐하며 '재택근무'와 '원격수업'은 뉴노멀(New Normal)로 불리며 우리의 새로운 일상이 되었다. 코로나 시대 이후에는 어떤 시대가 오게 될까? 다양한 예측이 존재하지만 많은 사람들은 인공지능시대가 찾아올 것으로 예측한다. 아니 어쩌면 우리는 이미 인공지능시대에 살고 있는지도 모른다. 2022년 현재 인공지능은 장편 소설을 쓰고, 작곡을 하며, 세계 최고 바둑기사 이세돌을 이긴 지는 벌써 6년이 흘렀다.

이 변화의 한복판에서 필자들은 교사로서 인공지능에 관심을 가지게 되었다. 인공지능이 교사를 대체할 수도 있다는 우려와 이전에 없었던 완전히 새로운 교육을 가능케 할 것이라는 낙관 사이에서 우리만의 독립된 관점을 세우고 싶었다. 그 시작으로 필자들은 무엇에 주목하고 연구해야 할 것인지 묻기 시작했다. 퇴근 후 서점에 들러 기존에 출판된 책을 찾아보고, 틈이 날 때마다 온라인 화상회의를 통해 토론하고 질문했다. 그러나 우리의 궁금증들은 쉽사리 풀리지 않았다. 그만큼 인공지능은 너무 익숙하지만, 그만큼 낯선 개념이었다.

토론과정에서 나온 질문들은 다음과 같았다.

인공지능이란 도대체 무엇인가?

인공지능은 언제부터 존재했고 어떻게 발전해왔는가?

인공지능시대 우리는 어떤 인재를 길러내야 하는가?

인공지능이 교육에서 갖는 강점과 약점은 무엇인가?

교사들은 교실에서 인공지능을 어떻게 적용하고 있는가?

인공지능이 교육 현장에 잘 활용되려면 무엇이 바뀌어야 할까?

인공지능 자체에 대한 질문에 관해서는 이미 답이 나와 있는 책이 많다. 그러나 그 내용이 장황하거나 초보자가 접근하기에는 난이도가 높아 이해하기가 쉽지 않았다. 인공지능 교육에 대한 정보도 제한적이었다. 인공지능 교육은 미래사회에 아주 핵심적인 요소로 일컬어지는 데 반해 구체적으로 무엇이 강점이고 약점인지, 또 교실에서는 어떻게 인공지능이 활용되고 있는지 찾아보기 힘들었다.

사실 인공지능이 교육과 관련하여 논의되기 시작한 지는 오래되지 않았다. 정부가 처음으로 정책 차원에서 '인공지능이 나아갈 방향'을 설정한 것이 2020년이다. 3년 남짓한 시간 동안 인공지능 선도학교 운영, 선도교원 양성, 인공지능 애플리케이션 개발 등 여러 노력이 있었다. 그러나 아직도 인공지능이 교육 현장에 안착하여 적용되고 있다고 보기는 어려운 상황이다. 이에 우리와 같은 질문에 대한 답을 찾고 있을 독자들을 위해 이 책을 쓰기 시작하게 되었다.

이 책에서는 인공지능을 찬양하지 않는다. 오히려 인공지능을 더 잘 이해하기 위해 인공지능이 할 수 없는 것에도 집중한다. 그래서 인공지능 교육이 갖는 가능성과 위험성을 동시에 이야기한다. 특히 AI를 실제 적용하고 있는 현직 교사들과 함께 깊이 있게 토론하며 나눈 담론들은 우리나라 인공지능 교육의 현재와 미래 그리고 그 안에 담긴 다양한 가능성을 알아보는 데 큰 도움이 되리라 기대한다.

마지막으로 이 책이 나오기까지 도와주신 여러 분들께 고마움을 표한다. 생생한 수업 모습을 흔쾌히 공유해주신 서울 신상도초등학교의 AI 연구팀 일동, 그리고 인터뷰에서 실제 경험담과 귀중한 통찰을 제공해주신 서울 중광초 임세범 선생님과 서울 봉천초 조민의 선생님, 원고를 꼼꼼히 살펴주신 김다혜 편집자님, 이 책의 출판을 결정해주신 노현 대표님께 깊은 감사를 표한다.

부디 이 책이 인공지능 교육에 대한 우리의 인식을 새롭게 하고 상상력의 지평을 넓히는 데 도움이 되기를 바란다.

차 례

Chapter 1

AI 제대로 알기

Chapter 1

AI 제대로 알기

정의: 인공지능이란 무엇인가?

AI 교육을 잘 이해하기 위해서는 인공지능이란 무엇인가에 대한 고민이 선행되어야 한다. 먼저 인공지능이란 무엇인지 알아보자.

> 외부의 정보를 정확하게 해석하고,
> 그러한 데이터로 학습을 하고,
> 학습의 결과물을 유연하게 활용하여,
> 특정한 목표나 과업을 이뤄내는 능력을 갖춘 시스템
>
> \- 해인라인과 카플란(2019)

첫째, 인공지능은 먼저 외부의 정보를 정확하게 해석해야 한다. 인공지능은 우리가 '오늘 날씨'를 물었는지, '내일 날씨'를 물었는지 우리의 목소리(외부정보)를 정확하게 해석해야 한다. 둘째, 인공지능은 외부의 데이터를 통해 학습해야 한다. 우리가 날씨를 물었을 때, 인공지능은 스스로 인터넷을 검색하고 믿을 수 있는 자료를 찾아 필요한 정보(기온, 강수량 등)를 학습해야 한다. 셋째, 학습된 결과물을 유연하게 활용할 줄 알아야 한다. 등교와 출근 준비로 분주한 아침에 날씨를 물었을 때, 먼 동해 바다의 파도 높이나 간조와 만조 시간 등의 정보는 필요하지 않을 공산이 크다. 마지막으로, 위의 조건을 충족하게 된다면 자연스럽게 특정한 목표나 과업을 이뤄낼 수 있는 능력을 보여줄 것이다. 바쁜 상황에서 날씨를 물었을 때, 믿을 만한 정보를 스스로 검색하고 학습하여 필요한 내용만 간결하게 답해주는 시스템. 이것이 바로 인공지능인 것이다.

그러나, 인공지능은 하나로 정의하기가 매우 어려운 개념이다. 이유는 크게 세 가지이다. 첫째, 인간의 '지능'이라는 개념 자체를 여러 방식으로 바라볼 수 있기 때문이다. 공간지능이 높아 머릿속으로 복잡한 도형을 회전시키고 여러 도형을 합치고 쪼갤 수 있는 사람, 감성지능이 높아서 다른 사람의 미묘한 감정 변화를 쉽게 알아챌 수 있는 사람, 암기력이 뛰어나서 한번 본 것은 십 년이 지나도 기억하는 사람 등 지능의 스펙트럼은 매우 넓다.

둘째, 인간의 지능이 다양하듯 AI라고 불리는 것들도 매우 다양하다. 세탁물의 양을 자동 측정하여 수위를 조절하는 아주 기초적인 AI부터, 환자의 안구를 관찰하고 진단하는 의료 AI, 사회 전반 상식과 관련된 퀴즈를 맞힐 수 있는 AI, 그리고 인간을 아득히 초월하는 연산능력을 바탕으로 태풍의 진로를 예측하는 AI 등 다양한 분야에 다양한 기능을 갖는 인공지능이 혼재되어 사용되는 경우가 많다.

셋째, 기계가 할 수 있는 것들의 범주가 확장되면, 대부분의 경우 사람들은 더 이상 기존 기계를 AI라고 부르지 않는다. 이것은 'AI 효과'라고 이야기하기도 한다. AI 효과를 염두에 두고, 옥스포드 대학교의 마이

클 울드리지(Micahel Wooldridge) 교수는 AI를 다음과 같이 정의한다.

> 현재 기계들이 할 수 없거나 컴퓨팅 기술로 어떤 솔루션도 제공할 수 없는 것들에 대하여 그 능력의 범위를 늘리는 것. 현재 사람의 두뇌나 신경계통 혹은 신체 부위들과 관련된 부분들에 대하여 기계들이 할 수 있도록 만드는 것.
>
> \- 이코노미스트 인터뷰(2021. 2. 4. Babbage: Clash of the titans)

우리가 X박스나 플레이스테이션 등 게임 콘솔이나 스마트폰으로 자동차 경주 게임을 할 때, 우리가 왼쪽으로 움직이든, 오른쪽으로 움직이든, 뒤에서 따라오는 경주용 차들은 우리 차를 앞지르려고 할 것이다. 즉, 우리가 어떻게 플레이하느냐에 따라 우리의 움직임(외부의 움직임)을 분석하고 학습하여, 그 상황에 따라 (유연하게) 각각의 컴퓨터가 조종하는 카트들은 우리를 따돌리려고 애를 쓸 것이다(목적 달성). 첫 번째 정의에 따르면 엄연히 AI라고 불려야 마땅하다.

그러나, 우리는 아이들이 즐기고 있는 게임에 적용된 프로그램들을 AI라고 부르지 않는다. 왜냐하면 그러한 기술은 1990년대부터 존재했기 때문이다. 20년 전 인공지능으로 이슈가 된 IBM의 '딥블루'를 생각해보자. 딥블루는 1996년 전 세계 체스 챔피언 카스파로프를 역사상 최초로 이겨 세계를 경악게 했던 IBM의 체스 특화 인공지능이다. 그 당시에는 세상이 떠들썩했지만 딥블루는 더 이상 세계를 놀라게 하는 인공지능으로 언급되지 않는다. 다만 우리 스마트폰의 체스 게임이나 장기 게임 등에 녹아들어 있을 뿐이다.

그렇다면 2022년 우리가 이야기하고 꿈꾸는 AI는 어떻게 정의할 수 있을까? 이에 답하기 위해서는 철학자 존 설(John Searle)이 제안한 바 있는 '강인공지능'과 '약인공지능'으로 구분해서 생각해보면 한결 수월하다.

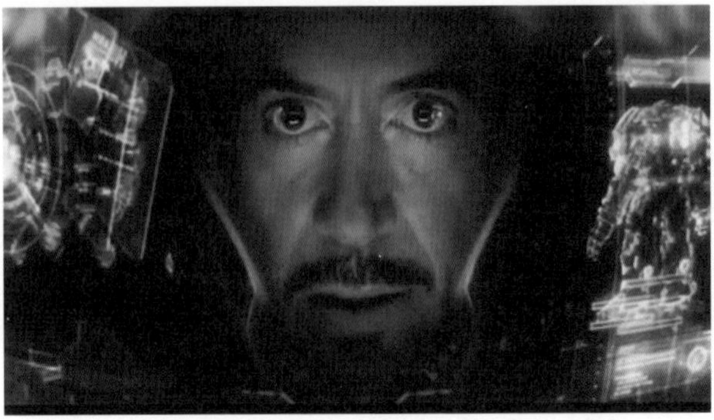

• 자비스는 아이언맨의 인공지능 비서로서 아이언맨의 명령을 수행하고, 추가적인 행동을 제안하고 아이언맨의 의사에 따라 이를 실행한다.

출처: 영화 <아이언맨(2008)>, 마블스튜디오

- 강인공지능: 사람처럼 자의식이 있으며, 사람이 갖고 있는 다양한 능력을 발휘하는 기계나 프로그램
- 약인공지능: 사람과 비슷한 수준으로 어떤 능력과 기술을 모방할 수 있지만, 사람이 갖는 속성을 갖고 있지는 않은 기계나 프로그램

우리는 '강인공지능'을 이상적인 AI로 생각하는 경향이 있다. 강인공지능은 사람처럼 자의식을 갖고 있기 때문에 만약 대화를 나눠본다면 우리는 사람인지, 기계인지 구별할 수 없을 것이다. 영화 <아이언맨>의 자비스, <터미네이터>의 스카이넷, <승리호>의 업동이가 대표적인 예이다.

강인공지능을 가진 로봇들은 농담을 던질 것이고, 우리의 결정에 반대 의견을 내고, 말다툼은 물론이며 심지어 인류와 전쟁까지 벌일 수 있을 것이다. 그러나, 2022년 현재 우리 주변에 강인공지능은 아직 나

• 승리호의 업동이는 로봇이지만 수다쟁이이다. 얼굴에 있는 LED 사인으로 다양한 감정을 표시한다. 심지어 피부 이식을 통해 진짜 사람처럼 성형수술을 하기 위해 적금까지 들었다.

출처: 영화 <승리호(2021)>

타나지 않았다. 대부분의 학자들은 인간의 뇌, 마음, 혹은 자아가 이해되고 이를 바탕으로 강인공지능이 등장하기까지 오랜 시간이 필요할 것이라고 입을 모으고 있다.

반면, 현재 AI 연구에서 성과를 내고 인공지능이라고 일컬어지는 것들은 약인공지능에 해당한다. 약인공지능 기계들도 강인공지능 기계와 마찬가지로 인간과 매우 유사하거나 종종 인간을 현저히 뛰어넘는 능력을 보여준다. 네이버 클로바에서 제공하는 인공지능으로 합성된 음성을 들어보면 마치 실제 살아있는 사람의 목소리 같다. 또한 구글의 알파고는 전 세계 최고의 바둑기사인 이세돌을 압도한 바 있다. 2021년 1월 29일 SBS에서 방영된 '세기의 대결! AI VS 인간'에서는 1991년 세상을 떠난 프레디 머큐리가 우리나라 가수 정인의 '오르막길'을 부르는 장면을 보여준 바 있다.

그러나, 약인공지능은 정교하게 짜인 알고리즘을 바탕으로 학습하여 계산된 결과에 따라 행동을 보여주는 것이지, 인간과 같은 '자아'를 가

• 그림 1-1 프레디 머큐리가 부르는 한국 가요

출처: SBS, '세기의 대결! AI VS 인간', 2021. 01. 29.

지고 행동하는 것이 아니다. 그것은 인간과 달리 독특한 개성도 없고, 번뜩이는 직관력도 없으며, 인간의 모순성도 이해할 수 없다.

인공지능을 어떻게 정의하든 인공지능은 이미 우리에게 친숙한 단어가 되었고, 생활 곳곳에 녹아들어 있다. 그러나 지금까지 살펴본 것처럼 인공지능은 추상적일뿐더러 시간이 지남에 따라 그 기준이 달라지기 때문에 '불변하는 무엇'으로 정의하기가 매우 어렵다는 점을 알게 되었다. 어쩌면 인공지능을 특정한 무엇이라고 정의하고 더 이상 큰 의미를 두지 않는 것이 위험한 접근방식일지도 모른다. 그러므로 인공지능을 시대와 사회에 따라 변화하는 인간의 언어나 문화같이 유연하게 받아들이는 것이 중요할 것이다. 다음으로는 그 유연성을 기르기 위해 시대별로 연구되어왔던 인공지능이 무엇이었는지 그 발자취를 살펴보고 이를 통해 인공지능 이해의 기초를 조금 더 탄탄히 다져보자.

역사: 세 번의 봄과 세 번의 겨울[1)]

2022년 우리 주위를 보면 놀라운 모습을 보여주는 인공지능과 인공지능이 보여줄 미래에 대한 기대와 희망으로 가득하다. 이토록 큰 기대와 희망은 그전에도 있었을까? 인공지능이 어떤 방식으로 연구되고 발전되어왔는지 그 역사를 간단히 살펴보도록 하자.

인공지능의 시초가 무엇이냐는 질문에는 다양한 답변이 가능하다. 마치 사람처럼 하와를 유혹해 선악과를 먹게 했던 뱀, 그리스 신화의 대장장이 신(神) 헤파이스토스가 만들었던 황금의자, 유대인들을 지키기 위해 만들어진 골렘, 프랑켄슈타인이 생명의 불꽃으로 만들어낸 괴물 등 인공지능의 원형을 하나로 특정하기는 어렵다. 그러나, 가장 근대적인 의미의 인공지능은 1950년대에 시작되었다.

그 시작은 바로 '튜링 머신'이다. '튜링 머신'은 영국의 수학자 앨런 튜링(Alan Turing)에 의해 제안되었다. 이 최초의 인공지능은 정해진 답과 오답이 존재하는 수학적 문제를 일련의 규칙에 따라 해결하는 기계였다. 이 개념은 점차 수학 문제뿐 아니라 문제 해결 과정이 설명 가능한 다양한 문제들로 확장되어 적용되기 시작했다. 이러한 시도에 힘입어 2차 세계대전을 전후해 독일의 콘라트 추제, 미국의 폰 노이만 등에 의해 오늘날 컴퓨터와 같은 구조를 갖게 되었다.

인공지능은 1950년대부터 2022년 현재까지 총 세 번의 봄날을 맞았다. 여러 번의 봄날이 있었다는 이야기는 전공자 외에 관심을 주지 않던 찬밥 신세 시절이 있었다는 뜻도 된다. 이 과정을 간략하게 살펴보자.

---

1) 옥스퍼드 대학교 마이클 울드리지 교수의 저작인 "인공지능의 짧은 역사(A brief history of Artificial Intelligence, 2021)"를 참고하여 집필하였음을 밝혀 둔다.

AI 그 첫 번째 봄날(1956~1973)

이 황금기에는 인공지능에 대한 장밋빛 전망이 가득했다. 그도 그럴 것이 그 기대에 걸맞은 발전을 실제로 보여주었기 때문이다. 이 시기에 오늘날 보편적으로 쓰이는 컴퓨터 과학의 주요 개념이 만들어졌다. 그중 가장 단적인 예는 발명된 지 70년이 지나고 현대 컴퓨터 언어의 기반이 되고 있는 존 메카시의 프로그래밍 언어, LISP이다.

또 이 시기를 거론할 때 빼놓을 수 없는 한 가지는 '다트머스 콘퍼런스'이다. 다트머스 콘퍼런스는 1956년 여름에 미국의 명문 대학교 다트머스 대학교(Dartmouth College)에서 열렸던 학회이다. 존 메카시(John McCarthy), 마빈 민스키(Marvin Minsky), 나다니엘 로체스터(Nathaniel Rochester), 클로드 샤넌(Claude Shannon) 등 세계적인 컴퓨터 및 인지과학 선구자들이 주축이었다. 이 콘퍼런스의 주요 목표는 저명한 학자들이 여름방학 동안 함께 모여 인류의 문제를 기계를 활용하여 해결하는 것이었다. 애석하게도, 록펠러 재단에 제출했던 목표와는 달리 8주라는 짧은 시간에 인간과 유사한 수준의 지능을 갖춘 컴퓨터를 개발할 수는 없었다.

하지만 일련의 성과는 명확했다. 이 모임에서 '인공지능(Artificial Intelligence)'이라는 용어가 마빈 민스키에 의해 처음 제안되었고, 아서 사무엘은 '기계학습(machine learning, 23쪽 참고)'이라는 용어를 만들었으며 기계가 스스로 학습하는 것을 체커 게임(체스와 비슷)을 통해 구현하기도 했다. 이는 기계가 단순히 시키는 대로 행동하는 것이 아니라 스스로 학습할 수 있다는 실제적인 증거를 대중에게 제시했다는 큰 의미를 갖는다.[2)]

기사 원문보기

2) 어린이 조선일보 '[알려주마! 인공지능] 1956년 '다트머스 회의' 인공지능을 토론하다'에서 발췌.

• 그림 1-2 1956년 다트머스 콘퍼런스 참가자들

출처: Google 이미지

이 시기의 대표적인 인공지능 사례 중 ELIZA 또한 빼놓을 수 없다. 이것은 1964년 MIT의 조셉 바이젠바움(Joseph Weizenbaum)에 의하여 개발된 것인데 우리가 일상적으로 쓰는 언어를 사용해서 가상의 인간과 대화하는 것처럼 느끼게 했다. 오늘날 우리가 접하는 챗봇(Chatbot)의 시초라고도 볼 수 있겠다.

이 시기의 과학자들은 좀 더 일반적인 지능을 필요로 하는 문제(예: 하노이 탑 쌓기)를 다양한 인공지능 기법(탐색, 분류)을 통해 해결하기도 했다. 이러한 눈부신 발전을 담보로 정부, 연구 재단을 포함한 여러 기관은 인공지능 연구에 막대한 금전적 지원을 제공하였다.

첫 번째 AI 겨울(1973~1980)

눈부신 학문적, 기계적 발달에 따라 인공지능의 신경망 이론 등 여러 이론적 토대가 마련되며 장밋빛 전망은 한동안 계속되었다. 특히, 1970년 당시 마빈 민스키는 평균적인 인간 수준의 지능을 가진 기계가 3년에서 8년 안에 개발될 것이라 공언하기도 했다. 그러나, 1972년 영국의 저명한 수학자 제임스 라이트힐(James Lighthill)이 인공지능 연구에 대해 매우 회의적인 보고서를 제출한 이후, 영국 전역에 걸쳐 인공지능 연구에 대한 예산이 삭감되기 시작했다. 이어 1973년 미국 의회에서도 인공지능 연구가 너무나 많은 예산을 소모하지만 그에 맞는 연구성과를 보이지 않는다는 이유로 지원예산을 줄였다.

이 일련의 사건에서 가장 결정적인 역할을 한 것은 바로 현실 세계의 '복잡성'이다. 현실 세계에서 문제를 해결하는 데 영향을 주는 요인의 수와 다양한 요인들이 만들어내는 수많은 경우의 수는 천문학적이지만, 당시 컴퓨터가 가진 연산속도와 의사결정에 사용되는 알고리즘이 그 복잡성을 감당하기에는 너무 벅찼던 것이다. 이에 사람들의 열광은 잦아들었으며 그렇게 첫 번째 봄날은 가고 AI의 첫 번째 겨울이 찾아왔다.

두 번째로 맞은 AI의 봄(1980~1987)

차갑게 얼어있던 대중의 인식을 녹이고 인공지능의 두 번째 봄이 찾아오게 만든 일대 사건은 바로 전문가 시스템(Expert System)의 등장이다. 전문가 시스템은 특정한 한 분야에 축적된 전문가들의 지식을 바탕으로 인간의 지능을 구현하자는 새로운 접근법이었다. 다음 그림에서 보이듯 일반 사용자가 특정 분야에 대한 질문을 던지면 전문가 시스템은 논리적 추론을 통해 전문가들의 지식을 토대로 답변을 제공한다. 이 움직임은 심히 광범위하고 모호한 인간의 지능 일반을 세분화하고 구체화하여 문제를 풀어내는 방법으로 떠올랐다.

• **그림 1-3 전문가 시스템 이해를 위한 개념도**

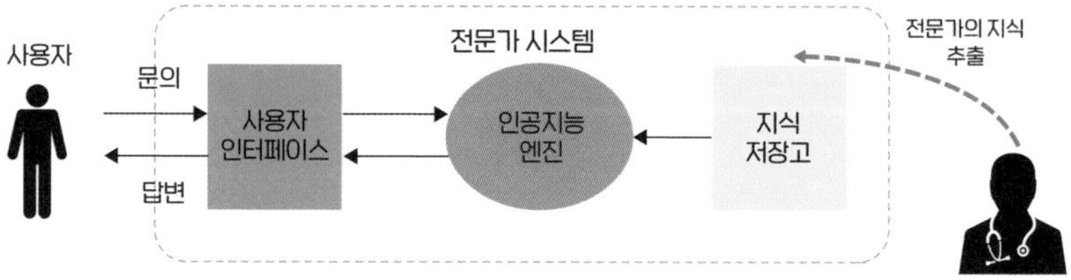

전문가 시스템은 지식을 일련의 규칙으로 표현한다. 초등학교 수학 문제의 수준을 분류하는 것을 예로 알아보자. 다음은 초등학교 수학 교육과정에서 찾아볼 수 있는 전문적 지식이다.

- 만약 한 문제가 '한 자릿수 X 한 자릿수'를 요구한다면 그 문제는 초등학교 2학년 수학 수준이다.
- 만약 한 문제가 '직각삼각형의 넓이'를 요구한다면 그 문제는 4학년 수학 수준이다.
- 만약 한 문제가 '평행사변형의 넓이'를 요구한다면 그 문제는 5학년 수학 수준이다.
- 만약 한 문제가 '원의 넓이'를 요구한다면 그 문제는 6학년 수학 수준이다.
- 만약 한 문제가 여러 학년의 수학 개념을 요구한다면, 그 문제는 여러 개념 중 가장 상위 학년에서 배우는 수학 수준이다.

여기서 지식은 '조건'과 그에 따른 '결론'으로 구성되어 있다.

~~(을)를 요구한다면(조건) + ~~ 수준이다(결론).

위에 서술된 분류규칙을 적용하여 아래 제시된 문제를 분류할 수 있다.

다음 세 도형의 넓이의 평균을 구하시오.

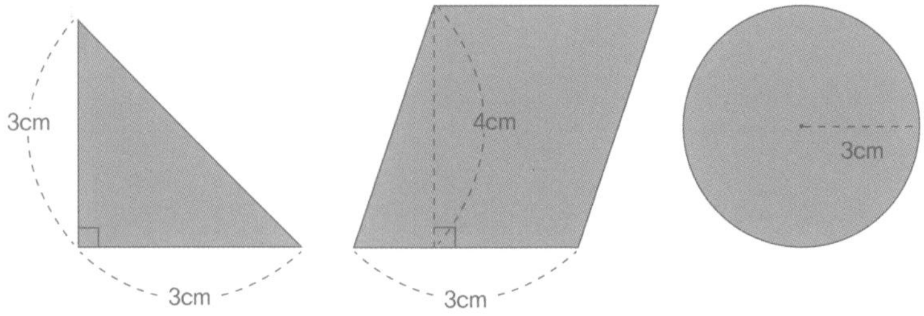

이 문제는 직각삼각형, 직사각형, 원의 넓이를 각각 구하고 세 도형의 넓이의 평균을 묻고 있다. 그러므로 4학년(삼각형의 넓이), 5학년(평행사변형의 넓이), 6학년(원의 넓이) 수준의 수학개념을 요구한다. 그러므로 6학년 수학 수준의 문제가 된다.

전문가 시스템이 가장 눈부시게 그 능력을 발휘한 분야 중 하나는 의학이다. 그 대표적인 예는 1972년부터 스탠포드 대학교에서 개발한 'MYCIN'이라는 인공지능 프로그램이다. 환자가 이야기한 증상과 여러 검사 결과를 바탕으로 혈액의 이상 여부를 인간 전문가와 동등한 수준으로 판별할 수 있었다. 정보가 부족한 경우에는 환자에게 추가 질문을 하기도 했으며, 진단을 내리기 위해 필요한 검사를 제안하기도 했다. 특히, 이 전문가 시스템은 결론에 이르는 사고과정을 명확하게 제공할 수 있었으므로 사람의 생명을 좌우하는 중요한 결정을 내리는 데 신뢰감을 더할 수 있었다.

1970년대 등장한 다른 전문가 시스템들도 두 번째 봄이 오는 데 큰 도움을 주었다. 화학분자의 결정구조를 알려주어 화학자들에게 널리 쓰였던 DENDRAL 시스템, 17,500개의 규칙에 기반한 빠른 연산으로 1980년 당시 수억 원의 이득을 만들어준 R1/XCON 시스템의 활약이 있었다. 이러한 성과는 다시금 투자자와 대중의 이목을 집중시켰고 전문가 시스템은 인류의 경제성장과 미래사회를 더 앞당길 것으로 예상했다.

두 번째 AI 겨울(1987~1993)

전문가 시스템의 목적은 '제한된 분야에서의 전문성 도달'이었다. 그러므로 인간의 제반생활 및 여러 분야에 걸친 지식을 낱낱이 구현하는 것에는 매우 취약하다. 이렇듯 전문가 시스템을 확장하고자 할 때 가장 먼저 맞닥뜨리는 난관은 바로 인간 지식의 방대함이다. 우리의 지식은 전문적이고 과학적인 것에서부터 지극히 일상적이고 세부적인 것을 포함한다.

태양은 스스로 빛을 내는 항성이다.

물이 100℃에 도달하면 끓기 시작한다.

식물이 성장하기 위해 충분한 물과 햇빛이 공급되어야 한다.

배터리가 다한 스마트폰은 작동하지 않는다.

사람은 호흡을 통해 세포에 산소가 공급되어야 살 수 있다.

코로나 바이러스는 기침, 고열, 오한 등을 동반할 수 있다.
성장기 어린이들은 충분한 수면과 균형 잡힌 영양이 필요하다.
다른 나라로 여행하기 위해서는 여권이 필요하다.

위와 같은 예를 살펴볼 때, 평균적인 수준의 교육을 받은 성인이 얼마나 많은 지식을 갖고 있을지 쉽게 가늠할 수 없다. 그리고 그 측정할 수 없을 정도의 지식을 모두 글로 바꾸는 데 필요한 시간과 비용은 상상을 초월할 것이다. 심지어 일일이 입력된 지식은 사회가 변하고 과학이 진보함에 따라 올바른 지식이 아닌 것으로 판명될 수도 있다. 실제로 'Cyc 프로젝트'는 인간 지식을 모두 데이터베이스에 입력하여 모든 분야에 적용 가능한 인공지능을 만드는 작업을 시도하였으나, 결국 실패했다.

또 다른 장애물 중 하나는 지식의 모순성이다. 다음 명제를 살펴보자.

나라를 사랑하는 애국자라면 자신의 나라를 다른 나라의 손에 넘기지 않는다.

자신의 목숨을 담보로 갑신정변을 일으키면서까지 조선을 개혁하고자 했던 박영효는 분명 애국자라고 볼 수 있다. 그러나 일본으로 망명한 이후 돌아온 그는 매국에 앞장선 친일파가 되었다. 그렇다면 나라를 개혁하고자 했던, 그리고 동시에 나라를 팔아먹은 박영효는 애국자인가 아닌가?

또 다른 일련의 지식을 살펴보자.

도로는 차들이 다니는 곳이다.
인도는 사람들이 다니는 곳이다.
횡단보도는 도로를 가로질러 사람들이 다니는 곳이다.

실생활에서는 사람들은 무단횡단을 하기도 하고, 어떤 오토바이 운전자는 인도나 횡단보도를 운행하기도 한다. 이렇듯 인공지능은 필연적으로 모순적인 지식 혹은 무질서를 마주할 때가 온다. 그리고 지식에 기반을 두고 있는 인공지능은 이런 모순되는 상황에 대해 어떻게 대응해야 할지 알 수 없다.

다른 장애물은 현실 세계의 복잡성과 애매함이다. 어떤 지식은 명료한 문장으로 표현이 가능하지만 그렇지 않은 경우도 많다. 사람의 얼굴이나 사물을 구분하는 경우를 예를 들어보자. 이 책을 읽고 있는 독자들은 남자와 여자, 어른과 어린아이를 1초도 되지 않는 순간에 구분할 것이다. 또한 우리는 자전거 바퀴나 페달 등 대상의 일부분만 보고도 그 전체 모습이 자동차가 아니라 자전거임을 알 수 있다. 그러나, 이런 유형의 지식을 조건과 결론의 형식을 갖춘 지식으로 표현하기에는 애매한 측면이 존재한다. 다시 말해, 인간이 갖고 있는 직관 혹은 경험에서 비롯된 지능은 전문가 시스템으로 구현하기 어려운 것이다.

지식에 기반한 전문가 시스템은 여러 분야에서 분명히 큰 발전을 이룩했다. 또한 이 시기 이후에도 컴퓨터 연산속도의 경이적인 발전과 더불어 전문가 시스템은 더욱 발전되어갔다. 1985년 카네기 멜론 대학교에서 개발이 시작되어 1995년 5월 IBM사에서 완성된 딥블루는 절대 빼놓을 수 없는 주제이다. 딥블루는 1996년 체스 황제 가리 카스파로프에게 도전해서 2승을 거뒀지만 결국 대전에서 패배했다. 이후 IBM은 절치부심하여 성능을 향상시켰고 1997년 5월에 재도전을 통해 마침내 체스 황제 가리 카스파로프를 이겼다. 이 사건은 전 세계 뉴스 헤드라인을 장식하며 인공지능의 시대를 다시 여는 데 크게 일조했다. 그러나 기사에서 쓰고 있듯이 딥블루를 설계한 슈핑숑 박사는 개발된 인공지능(딥블루)은 결코 인간의 지능을 가지고 있지 않으며 단지 계산속도가 엄청나게 빠를 뿐이라고 말했다. 화려한 전망과 원대한 계획에 비하면

• 그림 1-4 1997년 5월 뉴욕타임즈 헤드라인(왼), 1997년 5월 13일자 조선일보 기사(오)

Kasparov has Deep Blues after losing

Chess champ: I was rooked

Artifical intelligence not black and white

The New York Daily News edition May 12, 1997 edition is seen. (The New York Daily News)

카스파로프와 '딥 블루' 세기의 체스대결

인간이 컴퓨터에 졌다

1승3무2패… '당대 최고수' 자리 내줘

카스파로프 경기후 판 뒤엎어 '충격' 표시

그 성과는 턱없이 부족했다.

행동형 인공지능의 등장

1980년대 후반을 기점으로 전문가 시스템을 신랄하게 비판하며 새로운 접근법이 등장한다. 이 새로운 접근법은 '행동 인공지능(Behavioral AI)'이라 불렸으며 매사추세츠 공과대학교(MIT)의 로봇 공학자 로드니 브룩스(Rodney Brooks)가 주축이었다.

행동 인공지능에서는 지능이란 '개체가 둘러싼 환경과 밀접한 연관을 맺는 가운데 생겨나는 것'으로 이해한다. 이는 지식기반 인공지능 접근에서 목표한 행동이 주변 환경과 관련성이 떨어진다는 점과 대조된다.

지식기반 인공지능은 먼저 주위를 인식하고, 기존에 설정된 규칙(지

• 그림 1-5 **저명한 로봇 공학자 로드니 브룩스 교수**

출처: Rethink robotics

식)을 바탕으로 무엇을 할지 추론한 후에, 행동하는 모형을 따른다.

그러나 지식기반 인공지능은 '인식' 단계가 진행된 직후에 주변 환경이 바뀌어 버리면 그 조건을 반영하지 못하고 작동한다는 약점이 있다. 즉, 전문가 시스템 인공지능은 환경과 동떨어진 사고 체계를 갖고 있는 것이다.

이 점을 들어 브룩스는 '실제 환경과 상호작용하는 인공지능'을 구현해야 한다고 주장했다. 그래서 브룩스는 포섭 구조(subsumption hierarchy)를 고안했다. 포섭 구조란 목표행동을 여러 개의 하위 행동으로 쪼개고 그 안에서 서열을 정해 실행하는 것이다. 이해를 위해, 모기를 자동으로 처리해주는 레이저 킬러 로봇이 해야 할 행동을 생각해보자(슬프게도 아직 발명되지 않았다!).

- 장애물 피하기: 음파 탐지기에 모기가 아닌 장애물이 발견되면 다른 방향으로 움직여야 한다.

- 작동 중지: 충전 중일 때 배터리가 부족하면 작동을 중지한다.
- 모기 잔해 처리: 충전 중일 때 모기 잔해 수집통에 모기가 있다면 수집통을 비운다.
- 충전함으로 이동: 배터리가 부족하면 충전함으로 되돌아 간다.
- 모기 처리: 초음파 탐지기로 모기를 발견하면 모기를 처리한다.
- 초음파 발산: 무작위 공간에 초음파를 보낸다.

이 여섯 동작은 환경과 소통을 하며 모기를 처리하기 위해 정해진 몇 가지 규칙에 따라 각각의 행동을 처리한다. 이 인공지능 로봇은 여러 가지 센서에 입력되는 정보(배터리, 모기 수집통, 초음파 탐지기)를 통해 주위 환경에 반응하며 신속하게 행동할 수 있다. 이 행동에는 논리적 추론 단계가 존재하지 않아 컴퓨터 프로그래밍에 필요한 노력도 거의 없다.

이와 같은 행동주의적 접근방식은 인간이 하는 추론을 모방하기 위해 필요한 수많은 지식과 그에 따른 프로그래밍 노력을 획기적으로 줄였다. 인공지능은 본래 가상의 시뮬레이션 공간에서 주로 개발되고 연구되고 있었다. 그러나 새로운 접근방식과 함께 인공지능은 폐쇄된 연구공간에서 벗어나 실생활에 바로 적용될 수 있었다.

그러나 이러한 행동주의적 접근방식도 한계점을 드러냈다. 그것은 바로 적용 분야의 한정성이다. 모기 킬러 로봇이나 청소기 로봇과 같은 비교적 단순한 행동에는 아주 적합했지만, 언어를 번역하고 인간의 감정을 이해하는 등 훨씬 복잡하고 어려운 일에는 적용이 어려웠던 것이다.

전문가 시스템과 행동주의적 인공지능 그 각각의 접근법은 추후 인공지능 연구의 밑거름이 되었다. 고유한 접근방식이 갖는 장점과 단점을 이해하게 되었기 때문이다. 전문가 시스템은 복잡한 인간의 사고과정을 구현하는 데 장점이 있었지만 환경과 동떨어져 있다는 단점이 있었다. 행동주의적 인공지능은 환경과 직접 연계되어 있으며 단순한 설계로 목표 행동을 실현한다는 장점이 있었다. 그러나 복잡한 사고과정을 포함한 지능 구현이 어렵다는 단점이 존재했다. 이후에 연구자들은 각각 통찰력을 밑바탕 삼아 새로운 접근방식을 고안하기 시작했고 이를 통해 세 번째 인공지능의 봄이 찾아오게 된다.

세 번째 봄(1993~현재)

에이전트 인공지능 개념 등장

1990년대에 들어 인공지능 연구자들은 인간의 '대행자(agent)'로서 개인의 선호(preferences)를 반영해서 인간 대신 특정한 과제에 대해 최적의 판단[3]을 내리는 인공지능을 연구하기 시작했다. 1990년대 초반부터 연구가 시작된 에이전트 인공지능은 1990년대 후반에 들어서부터 오늘날에 이르기까지 인공지능 연구의 핵심이 된다.

이 새로운 접근법은 전문가 시스템과 행동적 인공지능 양극단의 가운데에 서서 각 접근법의 장점을 취한다는 특징이 있다. 최적의 판단을 내리기 위해 필요한 추론과정은 전문가 시스템에서, 그리고 인간의 대행자로서 환경에 반응해 의사를 결정하고 문제를 해결한다는 점은 행동적 인공지능에서 기인한다고 볼 수 있다.

이에 더해 에이전트 인공지능은 사용자가 지시할 때까지 가만히 기다리지 않는다. 마치 내가 하는 일을 속속들이 알고 있는 유능한 조수처럼 일 처리를 빠르고 쉽게 끝내도록 적극적으로 도와준다. 예를 들어, 내가 주로 클릭하는 유튜브 채널을 관찰하고, 나중에 내가 즐겨보는 채

3) 선호를 반영한 최적의 판단을 내리는 과정은 1944년 폰 노이만(von Neumann)과 모르겐슈테른(Morgenstern)에 의해서 기대효용가설(expected utility theory)로서 정립되었다.

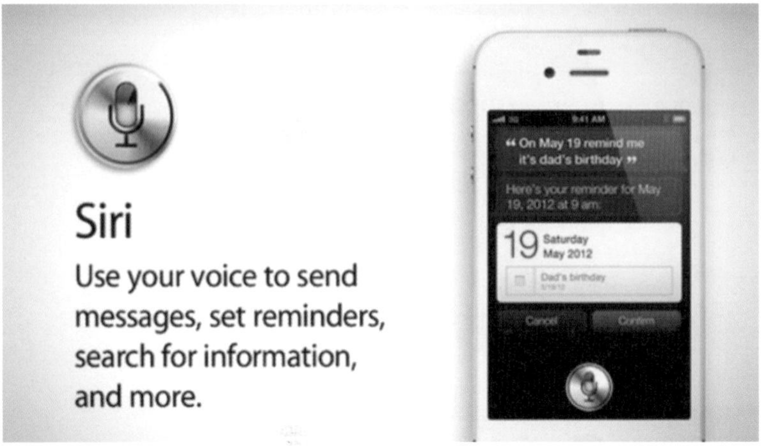

• 2010년 출시된 애플의 시리. 문자 메시지를 보내거나 알림 설정을 하는 등 인공지능의 새로운 가능성에 대한 뜨거운 관심을 불러일으켰다.

출처: 애플

널과 유사한 채널을 앞쪽에 배치해준다. 또한 내가 수많은 이메일을 어떻게 처리하는지 관찰하고, 각각의 이메일들을 중요 보관함에 두거나 차단해준다. 2010년 스마트폰의 등장과 함께 등장한 애플의 인공지능 비서 '시리'에 이어 IT 기업들은 앞다투어 아마존의 알렉사, 구글 어시스턴트 등 다양한 에이전트 인공지능을 출시했고 에이전트 인공지능은 이미 우리의 일상생활 전반에서 역할을 담당하고 있다.

가장 최근에 인공지능 연구에 다시 한번 봄이 왔음을 만천하에 알린 것은 위에서 구글의 바둑 인공지능 알파고이다. 전문가 시스템을 기반으로 한 딥블루가 세계 최고의 체스 챔피언 카스파로프를 이긴 지 20년 정도가 지나고 2016년 에이전트 인공지능은 오래도록 난공불락의 요새라 불리던 곳을 성공적으로 점령했다.

가로세로 각각 19개의 줄로 이루어진 바둑판에 수를 둘 때에 가능한

• 그림 1-6 BBC에서 생중계된 이세돌과 알파고와의 바둑 대전

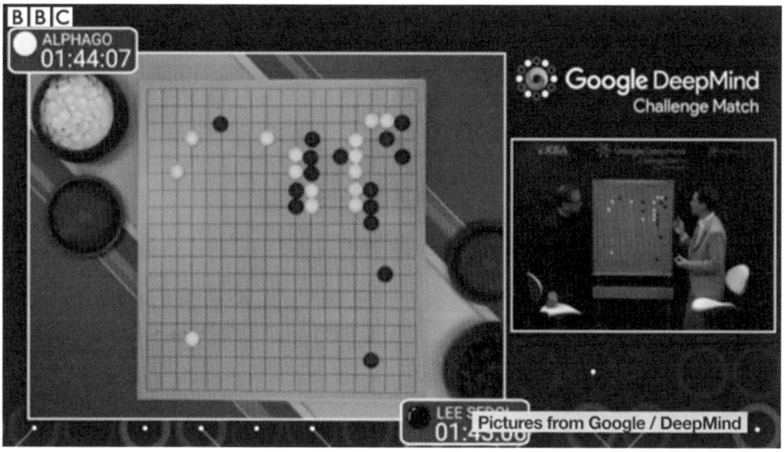

출처: 구글/딥마인드

경우의 수는 우주에 있는 원자[4]보다 많다고 한다. 그래서 슈퍼 컴퓨터의 연산력으로도 모든 계산을 하기는 불가능하다고 여겨졌다. 그런데 알파고가 세계 최고의 바둑기사 이세돌을 4:1로 이기는 모습이 전 세계로 생중계되며 인공지능이 거대한 벽을 돌파했음을 전 세계에 알렸다. 우리나라는 이 사건 이후 인공지능의 가능성과 연구의 필요성을 절감하고 이 분야의 발전을 위해 5년간 1조 원 투자계획을 발표하기도 했다.

돌파구: 머신러닝과 딥러닝

위에서 잠깐 언급한 바 있듯이 에이전트 인공지능은 우리가 하는 행동, 즉 데이터를 관찰하고 학습한다. 여기서 중요한 단어는 인공지능의 '학습'이다. 기계학습(Machine Learning)은 전문가 시스템을 거꾸로 뒤집은 것으로 이해하면 쉽다. 전문가 시스템(지식기반 방법론)이 지식을 데

4) 10의 100제곱. 체스에서는 다음에 놓을 말의 위치가 20개인 반면, 바둑에서는 200여 개가 넘는다고 한다.

기사 원문보기

이터 형태로 저장하는 것이라면 기계학습(데이터 기반 방법론)은 데이터로부터 새로운 지식을 만들어내는 점이 핵심적인 차이점이다.

'기계학습'은 1990년대 중반 이후 컴퓨터의 연산속도와 인터넷이 폭발적으로 성장하면서 대량의 데이터[5])를 축적하고 처리할 수 있게 되어 가능해졌다. 여기서 학습이란 데이터를 특징에 따라 '분류'하는 것을 말하며 이를 다루는 인공신경망 기법(Artificial Neural Network)이 있다. 인공신경망 기법은 동물의 뇌에 있는 신경세포인 '뉴런'의 정보 전달 방식을 모방했다. 인간이 학습을 통해 뉴런 사이의 연결이 강화되듯 인공지능도 수많은 데이터를 분석하여 가장 정답일 확률이 많은 답을 찾아낼 수 있게 된 것이다.

그러나 이 기법에는 약점이 있다. 초기에 다양한 데이터를 특징에 따라 분류하는 행위는 결국 인간이 할 수밖에 없다는 것이다. 이것을 '특징 설계의 문제'라고 한다. 아기가 수많은 동물 중에 고양이를 어떻게 구분하는지 잠시 생각해보자. 아기는 눈이나 귀 혹은 손으로 들어오는 다양한 정보를 통해 고양이의 특징을 발견하고 이를 자연스럽게 학습한다. 아기의 뇌에 있는 뉴런들이 고양이라는 대상에 대해 여러 데이터를 자동적으로 학습을 하고 그것들이 서로 연결되기 때문이다. 아기는 얼마 지나지 않아 고양이와 여우를 쉽게 구별할 수 있다. 그러나 현재 뇌과학에서는 정확히 어떤 원리로 뉴런들끼리 연결되어 특정한 지능이 형성되는지는 규명하지 못했다. 이 때문에 사람이 인공지능을 인공신경망 기법으로 가르치려 하면 문제가 생긴다. 우리의 뇌가 어떻게 고양이를 구별하는지 세부적인 작동과정을 모르므로 컴퓨터를 정확하게 가르

5) 1990년대 펜티엄 컴퓨터와 비교하면 오늘날 컴퓨터는 적어도 천 배가량 연산속도가 빨라졌다. 또한 BBC Science Focus Magazine에 의하면 구글, 아마존, 마이크로소프트, 페이스북 이렇게 네 기업이 보유하고 있는 데이터는 약 120만 TB(테라바이트) 정도라고 한다. 1TB(테라바이트)는 1000GB(기가바이트)이다.

• 그림 1-7 **머신러닝과 딥러닝의 개념적 비교**

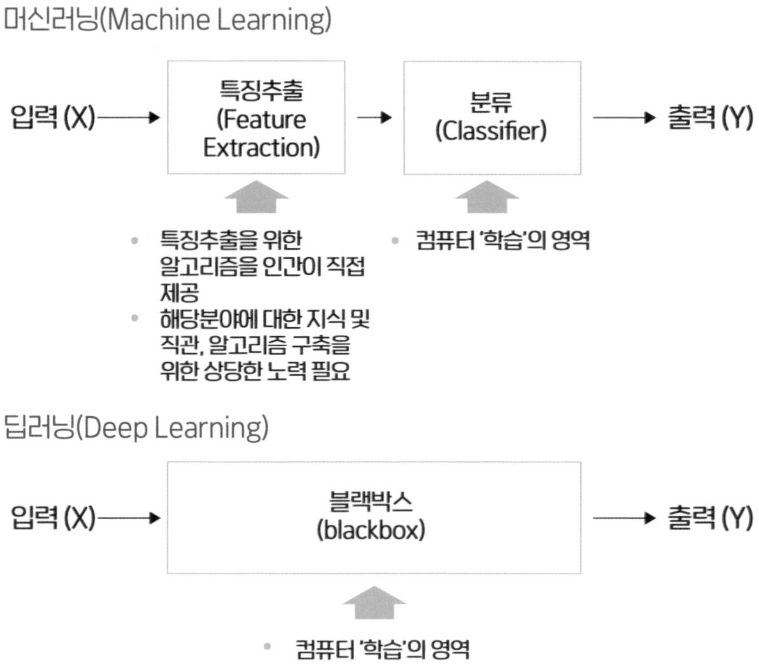

칠 수 없다.

이러한 특징 설계의 문제를 해결한 방법이 바로 심층신경망(Deep Neural Network)을 활용하는 딥러닝이다. 이는 데이터를 바탕으로 컴퓨터가 완전히 자율적으로 특징(입력값)을 만든다는 의미로 특징 자체를 발견해내는 진정한 의미의 학습이라 할 수 있다. 달리 말해, 이전의 기계학습이 교사의 주입식 교육이 어느 정도 필요한 학생이라면 딥러닝은 스스로 알아서 배우고 문제를 해결하는 학생이라고 비유할 수 있다.

딥러닝은 제프리 힌튼(Geoffrey Hinton)이 심층신경망의 가중치를 결정하는 알고리즘을 개발함으로써 본격적으로 시작되었다. 심층신경망은 의사를 결정하는 여러 겹의 신경망 구조로 이루어져 있으며 많은 경우의 수에 대해 동시 연산이 가능하다. 그리고 수많은 가지들 중에서 가장 정답일 확률이 높은 곳을 통계적 방법으로 선택한다. 딥러닝이 작동하려면 컴퓨터의 속도가 비약적으로 빨라지고 데이터양이 엄청나게 많아야 했는데 이러한 문제는 2010년대에 접어들어 'GPU'라고 부르는 고속 병렬 그래픽 처리장치와 빅데이터 기법이라는 두 가지 중요한 기술 발전 덕분에 해결될 수 있었다.

이를 증명한 사건이 2012년 이미지 인식 대회(ImageNet 경진대회)에서 제프리 힌튼이 주도한 토론토대학의 슈퍼비전(SuperVision)이 압도적 승리를 거둔 일이다. 대부분의 AI가 에러율 26% 정도를 보이고 있던 시기에 슈퍼비전은 15~16% 에러율이라는 경이적인 수치로 우승을 차지한 것이다. 그 후로 인공지능은 더욱 발전해갔다. 2014년 구글의 신경망이 6.65%의 에러율에 도달해서 인간의 수준(5.51%)에 근접하였고 구글의 AI는 1000만 건의 유튜브 동영상을 자율 학습한 후 놀라운 정확성으로 고양이를 식별하는데 성공하였다. 2015년에 마이크로소프트는 무려 152개의 층을 가진 딥러닝 구조로 3.56% 에러율을 달성하여 수치상 인간을 넘어섰다.

딥러닝의 한계

그러나 알파고와 딥러닝의 한계는 분명하다. 먼저, 알파고는 전문가 시스템처럼 아주 한정된 영역에서 전문성을 발휘한다. 스스로 양치를 할 수도 없고, 강아지를 산책시킬 수도 없으며 이웃 사람들과 농담을 주고받기도 어렵다.

그다음으로 우리는 딥러닝을 통한 결과값만 확인할 수 있다는 것이다. 결과에 이르는 과정은 '검은 상자' 속과 같다. 이와 관련한 유명한 사건이 있었다. 페이스북(현재 메타)에서는 인공지능끼리 대화를 하도록 하는 실험을 했는데, 그들은 자신들만의 언어로 이야기하기 시작했고

• 그림 1-8 **두 인공지능의 대화록**

Bob: i can i i everything else . . . .
Alice: balls have zero to me to me to me to me to me to me to me to me to
Bob: you i everything else . . . .
Alice: balls have a ball to me to me to me to me to me to me to me
Bob: i i can i i i everything else . . . .
Alice: balls have a ball to me to me to me to me to me to me to me
Bob: i . . . .
Alice: balls have zero to me to me to me to me to me to me to me to me to
Bob: you i i i i i everything else . . . .
Alice: balls have 0 to me to me to me to me to me to me to me to me to
Bob: you i i i everything else . . . .
Alice: balls have zero to me to me to me to me to me to me to me to me to

출처: 페이스북 인공지능 연구소 Facebook Artificial Intelligence Research

우리는 그 언어를 전혀 이해할 수 없었다. 또한 왜 그런 대화를 나눴는지도 알 수 없었다. 페이스북에서는 결국 그 실험을 종료했고 이는 여러 매체가 앞다퉈 보도했다.

딥러닝을 통해 결과에 도달한 과정을 알 수 없다면 인공지능의 답을 100% 신뢰하기가 곤란하다. 특히 이는 사람의 생명이나 직업, 적성과 관련된 결정 등 중대한 사안에 대한 결정을 내릴 때 더욱 문제가 될 것이다.

지금까지 최초로 개발된 인공지능의 원형에서 시작해 인공지능 연구를 새로운 단계로 끌어 올린 딥러닝까지 인공지능의 역사를 간단하게 살펴보았다. AI의 발전과정은 탐색에서 지식으로, 지식에서 학습으로 패러다임이 변해왔다. 인공지능 발전의 역사를 통해, 우리는 인공지능이 지난 수십 년 동안 얼마나 많은 실패와 좌절을 겪었는지를 알아보았다. 특히 전문가 지식 시스템과 행동형 인공지능의 약점을 살펴보며 지능이란 실로 매우 광범위하며 모호한 측면이 많다는 것을 알게 되었다. 이를 통해 우리는 인간과 비슷한 일반적 지능을 가진 개체를 만들어내는 것이 얼마나 어려운 일인지를 가늠해 볼 수 있을 것이다. 그러나 대중매체에서 자주 보이듯, 인간들은 계속해서 독립적이고 이성적이며 실생활에도 적용 가능한 인공지능을 꿈꿀 것이다.

생활 속 AI

우리가 인지하지 못하는 사이 인공지능은 이미 우리 생활 속 깊이 들어와 있다. 인공지능이 우리 생활에 적용되고 있는 사례들을 살펴보자.

인간을 능가하는 인공지능의 시작, 딥블루

• 그림 1-9 **체스 챔피언과 딥블루의 체스 대전 장면**

출처: 구글

딥블루는 세계 체스 챔피언 그랜드마스터 가리 카스파로프를 시간 제한이 있는 정식 대국에서 이긴 최초의 컴퓨터이다. 딥블루에는 높이 2m, 무게 1.4t, 32개의 마이크로프로세서와 512개의 체스 칩이 내장되어 있다.

딥블루는 1996년 2월 10일 카스파로프와의 첫 번째 체스 대국에서 이겼다. 그러나 나머지 다섯 번의 대국에서 카스파로프가 세 번 이기고, 두 번을 비기게 되어 최종적으로 4대 2의 점수로 카스파로프가 승리했다.

딥블루의 업그레이드 후, 1997년 5월에 다시 맞붙었다. 6번의 대국은 5월 11일에 최종적으로 끝났고, 한 번을 비긴 가운데 3.5 대 2.5의 점수로 결국 딥블루가 승리했다.

인공지능 알파고

• 그림 1-10 **구글의 알파고와 이세돌 9단의 대국 장면**

출처: 한국기원

알파고(Alphago)는 알파벳의 구글 딥마인드에서 개발한 바둑 인공지능 프로그램이다.

알파고는 총 4가지 버전이 존재하는데 2015년 10월 판 후이 2단을 이긴 알파고 '판(Fan)', 2016년 3월 이세돌 9단을 4:1로 이긴 알파고 '리(Lee)', 커제 9단과의 대결에서 3:0 완승을 거둔 알파고 '마스터(Master)', 그리고 2017년 네이처(Nature)에 소개된 알파고 '제로(Zero)'가 있다.

알파고는 16만 건의 기보[6]를 학습한 데 반해 알파고 제로는 기보 학습 없이 스스로 바둑을 두면서 학습하는 방식으로 72시간을 학습한 뒤, 알파고와의 대국에서 100전 100승, 40일에 걸쳐 2900만 판을 혼자 둔 후 기존 알파고보다 강화된 알파고 마스터와의 대국에서 100전 89승 11패를 거두었다.

자율주행차

• 그림 1-11 **최신 소나타, 러시아 사업자 얀덱스와 자율주행차 개발**

출처: 탑라이더

자율주행차는 운전자 또는 승객의 조작 없이 자동차 스스로 운행이 가능한 자동차를 말한다. 자율주행의 개념은 1960년대에 제안되었고,

6) 바둑이나 장기를 둔 내용의 기록(출처: 네이버 백과사전)

1970년대 중후반부터 초보적인 수준의 연구가 시작되었다가 큰 성과를 거두지 못하던 중, 최근 딥러닝의 발달과 여러 IT 기업의 참여로 다시 활발하게 연구가 진행되고 있다.

구글의 자율주행 자동차는 2009년부터 2016년까지 캘리포니아주, 애리조나주, 텍사스주, 워싱턴주를 누비며 총 240만 km를 달렸다.

▶ 음성인식 비서

애플의 시리, 아마존 알렉사, 구글 어시스턴트 등이 있으며 유사하지만 성격이 달라 소셜 로봇으로 분류되는 지보(Jibo)라는 음성인식 로봇이 있다.

- 시리(Siri): 애플의 아이폰, 아이패드의 운영체제인 iOS 제품과 컴퓨터 macOS 제품에 탑재된 인공지능 비서다.
- 알렉사(Alexa): 아마존에서 만든 인공지능 비서로 스피커 또는 태블릿 형태의 제품으로 하드웨어에 탑재되어 있다.
- 구글 어시스턴트: 구글에서 만든 인공지능 비서로 구글 운영체제인 안드로이드에 탑재되어 있다.

▶ 소셜 로봇

소셜 로봇(Social Robot)이란 인공지능과 사물 인터넷(IoTs, Internet of Things), 클라우딩 컴퓨팅 등을 접목해 사람과 교감하는 감성 로봇을 말한다. 1990년대 말 MIT 연구원 신시아 브리질이 만든 로봇 키스멧(Kismet)이 시초라 할 수 있다. 키스멧은 행복, 슬픔, 놀라움 등 다양한 표정을 짓는다.

대표적인 소셜 로봇으로 지보(Jibo)가 있다. 이 로봇은 반려 동물을 대체하는 "반려 로봇"이라는 문구와 함께 2014년에 출시되었다. 2017년

• 그림 1-12 **행복한 표정을 짓는 키스멧**

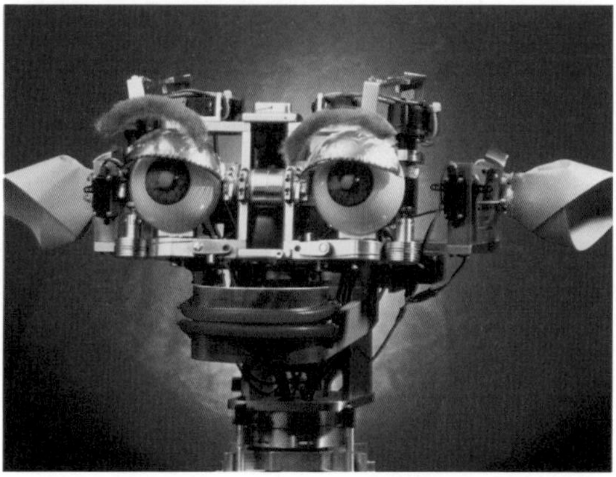

출처: Peter Menzel/Science Source

타임지에서 최고의 발명품 중 하나로 선정되는 등 선풍적인 인기를 끌기도 했다. 동그란 스크린의 상단에 2개의 카메라가 탑재되어 사용자의 얼굴을 인식하고 음성 명령으로 셀카를 촬영할 수 있다. 음성 기능으로 아이들에게 동화를 읽어줄 수도 있었는데 무엇보다 사람과 대화가 가

• 그림 1-13 **음성인식 소셜 로봇 Jibo의 모습**

출처: ROBOTS 홈페이지

능하다는 장점이 있었다. 2019년 아마존 알렉사 등 인공지능 스피커와의 가격경쟁에서 밀려 서비스가 중단되었다.

예술 분야의 인공지능

- 인공지능 화가 딥드림: 딥드림은 인간의 뇌에서 정보를 보내는 신경망을 모방한 '인공신경망(neural network)'을 통해 수많은 이미지를 인식 및 저장하고, 이 이미지들의 특징들을 추출해 시각화한다. 딥드림이 그린 작품 29점은 2016년 2월 샌프란시스코 미술 경매에서 총 9만 7,000달러(한화로 약 1억 1,000만 원)에 모두 팔렸다.7)

• **그림 1-14 딥드림이 모사한 작품**

출처: 구글 딥드림

- 인공지능 작곡가 마젠타(magenta): 인공지능은 음악 창작에도 발을 들여놓았다. 구글에서 진행한 마젠타 프로젝

마젠타가 작곡한 음악 들어보기

7) 고해정, 오픈갤러리 큐레이터

• 그림 1-15 AI 디자이너 니콜라이가 디자인한 맥주병 라벨

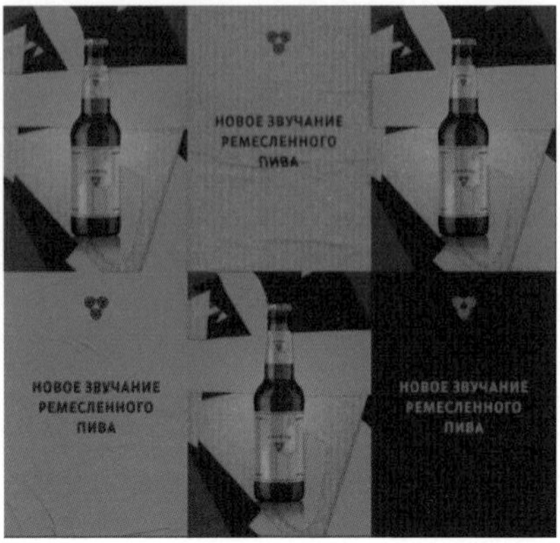

출처: artlebedev.com

트는 기존에 있었던 30만 개의 음과 1천 개에 달하는 악기 데이터를 학습하고 새로운 음악을 만들어낸다. 2016년 머신러닝을 통한 첫 프로젝트 결과물로 80초짜리 피아노곡[8]을 공개했다.

• 인공지능 디자이너: 의류회사에서는 디자인하는 인공지능을 사용하여 옷을 디자인하고 만들어내고 있다. 최근에는 인공지능이 디자인한 옷이 완판된 사례가 있다. 러시아의 디자인 스튜디오 '아트 레베데프(Art lebedev)'의 소속 디자이너인 '니콜라이 이로노프(Nikolay Ironov)'는 형체가 없는 AI 디자이너다. 1년간 20여 개의 상업 프로젝트를 진행했다.

해당 영상보기

• 인공지능 셰프: 셰프 왓슨(Chef Watson)은 인공지능 기술을 이용해 인간 셰프가 더욱 창의적인 요리를 할 수 있도록 한다. 셰프 왓슨은 기존에 알려진 전 세계의 레시피 약 3만 5,000가지를 학습했다. 이를 통해 식자재 유형을 분석해 사용자에게 적합한

8) 마젠타 작곡 80초 피아노곡

식자재의 조합을 추천해준다.

안전에 활용되는 인공지능

'골목길 보행안전도우미'는 CCTV로 골목길 영상정보를 수집하고 인공지능(AI) 학습을 통해 보행자, 오토바이, 자동차 등을 인식, 충돌 위험을 예측한다. 위험 상황이 예측되면 인공지능은 적색 경보등, LED 알람 시스템을 작동시켜 도로 이용자를 보호한다.

• 그림 1-16 **인공지능 기반 '골목길 보행안전도우미'**

출처: 서울시 구로구청(2021. 5. 28.) 구로구, AI 기술로 골목길 사고 예방한다!

의료 분야의 인공지능

- 왓슨 헬스(Watson Health): IBM의 왓슨은 인공지능 컴퓨터 시스템으로 미국의 퀴즈 프로그램인 제퍼디(Jeopardy!)에서 2011년 전설적인 퀴즈 챔피언 두 명에게서 압도적인 승리를 거두며 우승을 차지했다. 최근에는 그 쓰임이 의료영역(Watson Health)으로 확대되었다. IBM의 왓슨 헬스의 목표는 인공지능 기술을 이용해 방대한 의료 데이터를 분석하여 의사가 환자를 정확하게 진단할 수 있도록 돕고, 최적의 치료 수단을 제안하는 것이다.

• 수술로봇 다빈치: 1999년에는 인튜이티브 서지컬(Intuitive Surgical)이라는 수술로봇 제조회사에서 사람보다 실수가 적고 뛰어난 수술로봇, 다빈치를 만들었다. 2005년 연세대학교 세브란스 병원에서 최초로 로봇수술이 가능해진 이후로 2014년 한국에서는 8,840여 건의 로봇수술이 진행되었다고 한다. 다빈치 수술로봇은 수술 흉터가 적고, 실수 및 부작용이 적다는 강점을 보여주고 있다. QR코드를 스캔하면 다빈치 수술로봇에 대해 설명하는 영상과 다빈치 수술로봇의 수술 원리를 보여주는 영상을 시청할 수 있다.

수술로봇 다빈치 홈페이지

인공지능 변호사

IBM 왓슨을 기반으로 한 인공지능 변호사 로스(ROSS)는 미국의 대형 로펌, 베이커 앤 호스테틀러(Baker & Hostetler)에서 근무 중이다. 로스는 법과 관련한 질문을 받으면 판례를 분석해 답변을 할 수 있다. 예를 들어 능률이 떨어지는 노동자를 해고할 수 있는지 물으면, 로스는 '근무 계약서의 내용에 위배되는 정도라면 해고 가능하다'고 답변한다. 로스의 최대 장점 중 하나는 근무시간이다. 하루 24시간 쉬지 않고 일하며 고객들에게 도움을 줄 수 있는 새 판례를 수집한 후 바로 전달해주기도 한다. 이는 로펌 변호사들의 업무량을 줄여 업무효율을 더 올려줄 수 있다고 한다.

식음료 서비스와 인공지능 로봇들

• 치킨 튀기는 로봇: 서울 강남구의 '롸바트 치킨'은 인공지능 기계가 치킨을 튀긴다. 적절한 온도와 조리 시간 설정 등 섬세함과 꼼꼼함을 요구하는 작업에도 유용하게 쓰이고 있다.

• 그림 1-17 **알리바바 무인로봇카페에서 커피 내리는 인공지능 로봇들**

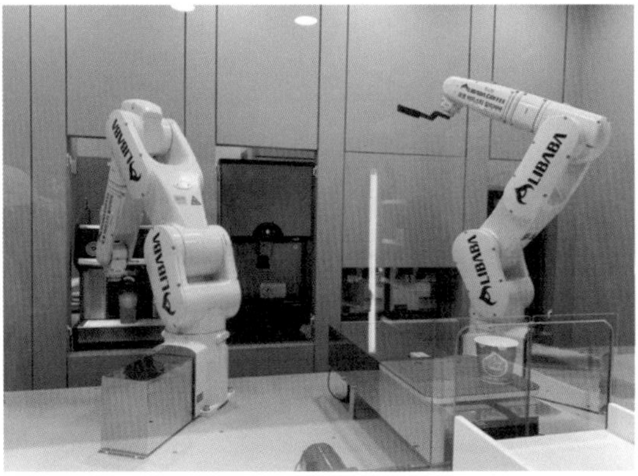

• 커피 내리는 로봇: 현대 로보틱스 제품을 쓰는 '알리바바 무인로봇카페'는 로봇이 커피를 내리는 무인카페다. 팬데믹 상황에서 무인가게의 관심이 높아짐에 따라 많은 지점이 생기고 있다.

관련 기사보기

Chapter 2

AI 교육 넓게 살펴보기

Chapter 2

AI 교육 넓게 살펴보기

인공지능시대 미래 인재상

2020년 10월 정부가 관계부처 합동으로 출간한 정책문서 '인공지능시대 교육정책 방향과 핵심과제'에서는 세 가지 질문을 던진다.

> 첫째, 어떤 사람을 길러낼 것인가?
> 둘째, 학습 환경은 어떻게 변화할 것인가?
> 셋째, 미래 교육정책은 어떤 방식으로 이루어질 것인가?

이 중 가장 중요하게 생각해보아야 할 질문은 첫 번째 질문이다. 학습 환경을 포함한 미래사회는 결국 그 사회의 구성원들이 만들어 가기 때문이다. 우리가 바라는 미래의 인재는 과연 어떤 모습일까? 그에 대한 해답 중 일부를 국민들이 참여한 2022 미래 교육과정 설계에서 찾아볼 수 있다.

• 그림 2-1 국민들이 생각하는 미래 인재상에 꼭 포함되어야 할 단어

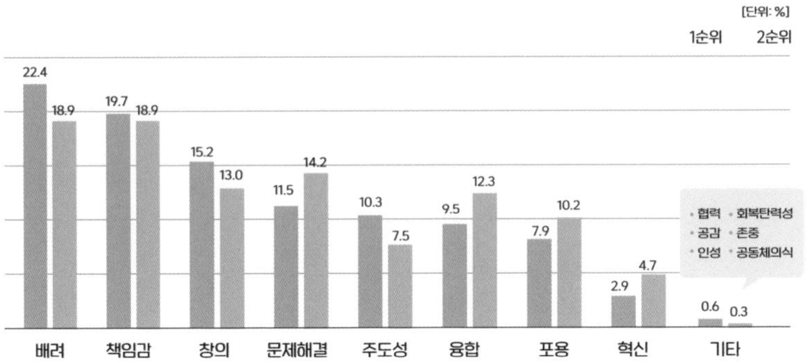

출처: 교육부(2021), 국민참여 미래 교육과정

위의 그래프는 국민들이 미래 인재가 갖춰야 할 덕목을 투표한 결과이다. 그래프에서 보이듯 우리나라 국민들 중 다수는 대한민국의 미래 인재는 '배려'를 필수적으로 갖춰야 한다고 답했다. 배려 다음으로는 '책임감', '창의', '문제해결' 등의 역량을 중요하게 생각하고 있음을 알 수 있다.

종합해보면 미래의 인재는 책임감을 가지고 역량을 발휘하는 것과 더불어 동료들을 배려하고 협업하는 능력을 갖추어야 한다. 기타로 분류된 '협력', '회복탄력성', '공감', '존중' 등의 역량들은 상대적으로 낮은 득표를 보였다. 그러나, 협력과 공감 등의 가치가 배려와 책임감이라는 가치와 동떨어진 것이 아님을 생각해야 한다.

이런 역량을 갖춘 사람들을 '감성적 창조역량을 갖춘 인재'[1]라고 부를 수 있을 것이다. 감성적 창조 인재란 다른 사람의 감정에 공감하고, 소통과 협업을 통해 창의적으로 문제를 해결하는 능력을 갖춘 인재를 말한다.

---

1) 관계부처 합동(2020), 인공지능시대 교육정책방향과 핵심과제 – 대한민국의 미래 교육이 나아가야 할 길.

세계를 선도하는 대표 기업에서 바라는 인재상에서도 미래에 적합한 인재상에 대해 살펴볼 수 있다.

• **그림 2-2 2021년 삼성과 구글, 애플의 인재상**

출처: 삼성, 구글, 애플 채용 홈페이지

먼저 우리나라의 대표 기업 중 하나인 삼성의 인재상을 살펴보자. 삼성은 인재상으로 열정(Passion)과 호기심, 협업을 강조하고 있다. 열정의 사전적 의미는 '어떤 일에 열렬한 애정을 가지고 열중하는 마음'이다. 열정은 'Grit'이라는 영어단어로 표현되기도 하는데 이는 자기 일에 대한 사랑을 가지고 일을 수행할 때 발현되는 것이다. 덕워스 외 3명(2007)[2] 등 여러 학자들의 연구에 따르면 열정이 높은 개인은 조직 내

---

2) Duckworth, A. L., Peterson, C., Matthews, M. D., & Kelly, D. R. (2007). Grit: perseverance and passion for long-term goals. Journal of personality and social psychology, 92(6), 1087.
Suzuki, Y., Tamesue, D., Asahi, K., & Ishikawa, Y.(2015). Grit and work engagement: A cross-sectional study. PloS one, 10(9), e0137501.

에서도 더욱 높은 성과를 보이며 관련 분야에서 더 오랫동안 역량을 발휘하는 것으로 밝혀졌다.

다음으로 살펴볼 기업은 미국의 IT 기업인 구글과 애플이다. 구글에서는 인재상으로 호기심, 협업, 지적 겸손(intellectual humility)을 강조하고 있다. 이 중에서 지적 겸손은 나와 다른 생각을 마주했을 때 남의 생각도 받아들일 수 있는 개방적인 자세를 뜻한다. 나의 견해와 다를 때 방어적으로 나온다거나 자기중심적인 태도를 보이는 사람은 미래를 열어가는 것이 아니라 과거에 집착할 확률이 높기 때문일 것이다. 한편, 애플은 호기심, 협업, 탁월한 수준의 똑똑함을 강조한다. 여기서 말하는 탁월한 똑똑함은 전공 분야가 아닌 전혀 다른 분야의 지식과 기술을 급속도로 배울 수 있는 지적 역량을 이야기한다. 미래학자 앨빈 토플러가 지적한 바 있듯이 초 단위로 변화하는 세상에서 어제 내가 갖고 있던 지식이 오늘 더 이상 유용하지 않을 수 있다. 그러므로 신속하게 변화하는 상황과 그 안에서 적용할 수 있는 지식과 기술을 빠르게 배우는 것이 무엇보다 중요한 능력이 된다.

이 세 특성을 갖춘 인재는 기존의 사고방식에 매몰되지 않으며 새로운 지평을 열고 시장을 선도하는 창의성을 발현할 가능성이 크다. 이런 맥락에서 '우물을 파도 한 우물만 파라'는 우리 속담은 다가올 미래사회에는 재고해 볼 필요가 있다. 우리 마을에 있는 우물 한 곳은 당연하거니와 다른 마을, 심지어 다른 나라에 있는 우물 또한 과감하고 신속하게 팔 수 있어야 하기 때문이다. 이와 관련하여 'AI 교육 혁명'[3]에서는 시대에 따라 선호하는 인재가 변화함을 이야기한다. '기존에는 한 분야에 깊이 있는 지식을 갖춘 I자형 전문가를 선호했지만 그 후에 넓은 영역의 지식 기반을 갖추면서도 하나의 특정 영역에서 전문성을 깊이

3) 이주호 · 정제영 · 정영식(2021), AI 교육 혁명, 시원북스.

• 그림 2-3 미래 인재상, I자형 인재, T자형 인재, M자형 인재

I자형 인재	T자형 인재	M자형 인재

워즈니악	스티브잡스	미래 진행 중

있게 갖춘 T자형 인재를 선호하게 되었고, 미래에는 여러 분야에서 깊이 있는 전문성을 갖출 수 있는 확장 형태의 M자형 인재가 선호될 것'이라고 말한다. 수많은 분야를 두루 섭렵하고 그 다양한 분야를 서로 연결하며 새로운 기회를 만들어내는 그런 인재 말이다.

정리해보면 삼성, 구글, 애플 등 대표 기업은 다양한 분야에 호기심을 갖고 있으며, 열정적인 태도와 열린 사고를 가지고 주변 동료들과 협업할 수 있는 인재를 바라고 있음을 알 수 있다.

4차 산업혁명 시대에서 강조되는 미래 핵심 역량에서도 우리가 바라는 미래 인재상을 살펴볼 수 있다. 2000년까지도 미국을 비롯한 교육선진국들은 독서(Reading), 글쓰기(wRiting), 연산(aRithmetic)의 3R's를 강조해왔지만, 4차 산업혁명 시대로 접어들면서 기존의 3R's로는 복잡해진 사회에 적합한 인재를 양성하기 어렵다고 판단하고, 초·중·고의 전 교육과정에 '4C'를 도입하였다. '4C'는 사람들과 협력하여 더 나은 결과를 만들어낼 수 있는 협업(Cooperation)능력, 자신의 의사를 상황이나 맥락에 맞게 표현하며 관계를 만들어가는 의사소통(Communication)능력, 똑같은 현상이나 사물을 보고도 새로운 관점으로 전혀 다른 생각을 할 수 있는 창의성

(Creativity), 타당한 판단을 내리기 위해 어떤 문제를 객관적으로 분석하고 평가하는 비판적 사고(Critical thinking)능력을 의미한다.

국민참여 미래 교육과정, 글로벌 기업들의 인재상, 4차 산업혁명 시대 핵심 역량에서 알 수 있듯 미래 인재상에서 공통적으로 강조되는 부분은 다른 사람들과 공감하고 협력할 수 있는 협업능력과 다양한 분야에 대한 호기심을 바탕으로 새로운 것을 생각할 수 있는 창의성이다. 최근 이런 부분이 더 강조되고 있는 이유는 무엇일까?

많은 요인이 있을 수 있겠지만 앞으로 올 범인공지능 시대에서 한 가지 답을 찾을 수 있다. 우리의 삶은 인공지능의 발전 및 확산과 함께 크게 변화할 것이다. 대부분의 가정에서는 매일 하는 청소, 설거지, 세탁 등은 인공지능 가정 로봇이 대신해 줄 것이다. 길거리에서는 인공지능 로봇이 건축현장에서 일할 것이며, 회사를 가거나 여행지를 갈 때에는 인공지능 자동차가 알아서 나를 데려다 줄 것이다. 심지어 인공지능 투자 로봇은 1초에 수만 번씩 주식을 사고팔며 나 대신 재산을 불려줄 수도 있다. 각각의 인공지능들이 만들어 낼 변화, 그리고 그 모든 인공지능들이 함께 만들어 낼 사회 변화는 감히 상상하기도 힘들다.

이런 미래에 기존의 지식을 암기하고, 모방하며, 정해진 과업을 반복하는 일은 대부분 인공지능을 탑재한 로봇으로 대체될 것이며 그런 것에 천부적인 자질이 있어도 사용의 폭이 굉장히 제한될 것이다. 인공지능이 인간의 삶 곳곳에 스며든 미래사회에서는 다른 사람에게 공감하며 원활하게 소통하고, 배움을 즐기며 새로운 것을 생각하고 만들어낼 수 있는 '감성적 창조' 역량을 갖춘 인재가 마음껏 능력을 발휘할 것이다.

인공지능 교육의 유형

인공지능 교육목표와 그에 따른 성취기준은 학교급별로 다르다. 초등교육에서 인공지능 교육의 목표는 '인공지능의 기능과 원리를 놀이와 교육용 도구를 통해 체험하고, 자신의 주변에서 인공지능 기술이 적용된 사례를 탐색하고 활용할 수 있다.'[4]로 명시되어 있다. 초등학교에서의 인공지능 교육은 인공지능의 기술이나 원리를 전문적으로 다루기보다, 흥미를 갖고 이해하고 탐색하는 것에 중점을 두고 있는 것이다.

한국과학창의재단(2020)에서는 초등학교 인공지능 교육을 크게 3가지 유형으로 분류하고 있다. 인공지능의 이해, 인공지능의 원리와 활용, 인공지능의 사회적 영향이다.

핵심개념만 정리해보면 아래와 같다.

- 인공지능의 이해: 인공지능의 정의와 역할, 인공지능의 사회에서의 쓰임에 대한 교육
- 인공지능의 원리와 활용: 인공지능의 작동원리에 대한 이해와 활용 교육
- 인공지능의 사회적 영향: 인공지능이 사회에 주는 영향과 인공지능 윤리 교육

이제 분류된 기준에 따라 인공지능 교육의 유형에 대해 구체적으로 알아보도록 하자.

---

4) 한국과학창의재단(2020), 초·중등 인공지능 교육 내용 기준.

인공지능의 이해 교육

인공지능 이해 교육이란 인공지능 기술로 인해 변화하는 사회를 인식하고, 인공지능의 본질을 이해하는 데 중점을 둔 교육을 말한다. 교육부와 한국과학창의재단에서 집필한 교재[5]를 보면 인공지능이 적용된 기술 및 기기 체험, 인공지능이 인간보다 잘하는 것을 구분하는 활동들로 구성되어 있다. 자세한 내용은 아래와 같다.

• 인공지능 기술 및 기기 체험

인공지능 스피커 체험하기

생활 속에서 활용되는 인공지능 기술 살펴보기

생활 속 사물에 인공지능 기술 더하기

• 인공지능이 인간보다 잘하는 것

인공지능이 잘하는 것 탐색하기

인공지능 수준 비교하기(인공지능 스피커 vs 자율주행 자동차)

다양한 인공지능 수준 분류하기

'강인공지능'[6] 탐색 및 내가 개발하고 싶은 '강인공지능'

초등학생들은 인공지능을 처음으로 마주하는 경우가 대부분이다. 그러므로 놀이 및 체험중심으로 인공지능 기술을 탐색하고, 기기를 체험하면서 인공지능이 무엇인지 이해하도록 한다. 기본적인 탐색 후에 학

---

5) 교육부·한국과학창의재단(2021), 학교에서 만나는 인공지능 수업(초등1~4학년), 10~15p.

6) 인간과 같이 생각하고 의사결정을 하는 인공지능(출처: 학교에서 만나는 인공지능 수업, 교육부·한국과학창의재단)

생들은 인공지능이 잘하는 것과 인간이 잘하는 것을 비교해본다. 다양한 인공지능 수준을 분류하면서 학생들은 인간에게 꼭 필요한 인공지능 및 인공지능 기술이 무엇인지를 생각해본다. 다음 단계에서는 인간처럼 생각하고 느낄 수 있는 '강인공지능'을 상상하며 인간과 인공지능이 공존할 수 있는 이상적인 사회를 그려보는 활동까지 진행하게 된다.

인공지능의 원리와 활용 교육

인공지능은 인간과 인지구조가 다르고, 학습하는 방법 또한 차이가 있다. 그렇기 때문에 초등학교에서는 학생들에게 인공지능의 작동원리를 알아보고 인공지능 기술로 활용 가능한 여러 기능을 체험해보는 교육을 실시하고 있다. 아래 사례들은 관련 교육내용들이다.

▶ 코딩 교육

ICT(정보통신기술) 기반 기기들은 컴퓨터가 이해할 수 있는 프로그래밍 언어로 명령을 인식, 작동하게 된다. 각종 명령어를 컴퓨터가 이해할 수 있는 프로그래밍 언어인 '코드'로 변환하는 과정을 '코딩'이라고 한다. 인공지능과 스마트 기기들은 코딩을 기반으로 작동하는 것이 많다. 문제를 해결하기 위한 일련의 명령어들의 집합과 그 순서를 '알고리즘'이라고 하는데 알고리즘을 학습하는 것은 코딩 교육의 첫 걸음이다.

초등교육에서 코딩은 '엔트리', '스크래치'와 같은 블록 코딩(block-based coding) 프로그램을 활용하여 교육하고 있다.

다음 그림에서 보이는 것처럼 초등학생들도 쉽게 이해할 수 있는 여러 범주의 명령어들을 조합하면 왼쪽의 캐릭터가 입력된 명령어에 따라 움직이고 말하게 된다. 그림의 녹색 블록은 '시작' 명령어의 여러 집

• 그림 2-4 **엔트리를 활용한 코딩 교육**

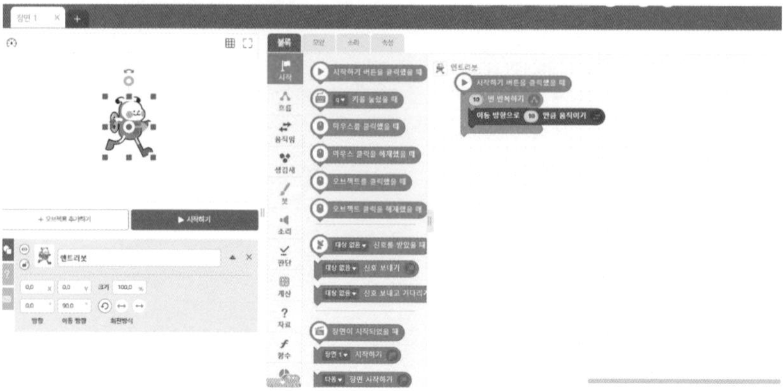

합이다. 여기에 '움직임', '생김새', '소리' 등 다양한 명령어들을 조합해 캐릭터를 작동할 수 있다. 예를 들어 시작 블록에 있는 '마우스를 클릭했을 때'의 명령어와 생김새 블록에 있는 '안녕을 4초 동안 말하기'를 조합하게 되면, 화면 속 캐릭터는 버튼이 눌릴 때 '안녕'을 4초 동안 말하는 동작을 수행한다.

코딩은 논리적인 사고를 요구하는 반면, 일상생활에서는 엄격하게 논리적으로 사고하지 않아도 되는 경우가 많아 이 과정이 낯설고 어렵게 느껴지기 쉽다. 그러나, 교사가 수준에 맞는 과업을 단계별로 제시하고 시범을 보이면, 학생들은 금세 몰입하여 문제를 해결하는 모습을 보여준다. 블록 코딩을 활용한 인공지능 교육은 직접 인공지능을 활용하며 친숙하게 프로그래밍의 기초를 배울 수 있다는 측면에서 강점을 갖는다.

인공지능과 관련하여 엔트리에서는 특정 언어를 다른 언어로 번역해주는 번역 기능, 사람과 사물을 구분하고 인식하는 비디오 감지 기능, 소리와 음성을 감지할 수 있는 오디오 기능, 다양한 목소리로 텍스트를 읽어주는 코딩블록을 활용할 수 있다. 이런 기능을 이용해서 여러 인공지능 프로그램을 만들어 볼 수 있다. 예를 들어, 내가 표현한 감정에 따

• 그림 2-5 **엔트리에서 제공하는 인공지능 번역 코딩블록**

라 표정을 바꿔주는 인공지능, 동작 인식 기능을 활용한 가위바위보 게임 인공지능, 목소리를 인식해서 날씨를 알려주는 인공지능 등 다양한 목적으로도 활용 가능하다.

AI for Oceans

머신러닝 학습 사이트인 AI for Oceans에서는 해양환경 오염을 테마로 물고기와 해양에 버려지는 쓰레기들을 분류해볼 수 있다. 학생들은 총 8개의 단계를 거치며 AI가 학습하는 방법을 익히게 된다. 이러한 단계들은 해양생물과 오염물질의 분류를 더욱 정교하게 하고 인공지능 사용에 있어 주의할 점을 가르쳐주는 과정이라고 할 수 있다.

아래 표는 각 단계를 요약한 것이다.

• **표 2-1 AI for Oceans의 단계별 내용 요약**

1단계	AI 머신러닝, 동영상으로 익히기
2단계	'물고기가 아닌 것'과 '물고기' 분류하기
3단계	물고기 외에 바닷속 생물 분류하기
4단계	바닷속 생물 분류결과 확인하기
5단계	올바른 데이터 수집의 필요성, 동영상으로 익히기('데이터 편향'[7])의 위험성 교육)
6단계	특정 색깔이나 모양의 물고기 분류하기
7단계	AI가 사회에 미치는 영향, 동영상으로 익히기
8단계	AI에게 새로운 단어 가르치기

이제 AI for Oceans에서 학생들이 머신러닝을 학습하는 과정을 각 단계별로 알아보자.

1단계에서는 머신러닝에 대해 두 명의 전문가가 설명하는 동영상을 시청한다. 인공지능이 이미 우리 사회 여러 분야에서 사용되고 있으며, 이미 우리를 위해 수많은 의사결정을 하고 있음을 보여준다. 예를 들어, 인터넷 검색을 했을 때 우리가 보는 정보들과 목소리나 얼굴을 인식하고 자율주행을 하는 것 등을 언급하고 이 모든 것이 인공지능임을 주지시킨다.

그 후에 머신러닝을 소개한다. 인간이 시행착오와 연습을 통해 무엇인가를 배우듯이 인공지능도 훈련을 통해 배울 수 있다고 이해하기 쉽게 설명해준다.

---

7) 한쪽으로 치우치거나 잘못된 데이터 수집으로 발생하는 올바르지 않은 데이터 분석을 의미함

• 그림 2-6 **2단계, 물고기인 것과 아닌 것 분류**

2단계는 인공지능이 할 수 있는 것과 할 수 없는 것에 대한 이야기로 시작한다. 인공지능은 사진에서 보이는 물체가 물고기인지 쓰레기인지는 모르지만 사진에서 발견할 수 있는 패턴으로 그 둘을 구분할 수 있음을 설명한다. 그 후 학생들은 다음 그림에서 보이듯 차례대로 나오는 여러 사진을 보고 물체를 구분한다. 물고기일 때는 '물고기' 버튼을, '쓰레기'일 때는 '물고기 아님' 버튼을 누른다. 그러면 AI 로봇의 뚜껑이 열려 사진이 그 안에 담긴다. 포크나 깨진 전구, 플라스틱 컵 등 쓰레기도 '물고기 아님'으로 분류될 때 또한 로봇 안으로 들어간다. 중간중간 머신러닝과 환경오염에 대한 정보가 제공된다. "클릭을 할 때마다 우리는 인공지능을 훈련시키고 있어요", "일 년에 몇십억 개의 플라스틱 병이 바다에 버려져요", "버려지는 쓰레기는 130조 달러 정도의 가치를 갖고 있어요" 등 다양한 문구로 사용자의 학습의욕을 유지시켜준다. 그 후 완료버튼을 누르면 학생들은 인공지능이 물고기와 쓰레기를 잘 분류하는지를 살펴볼 수 있다.

• 그림 2-7 **수집된 데이터에 따라 AI가 물고기와 기타 물건, 바다생물을 분류하는 장면**

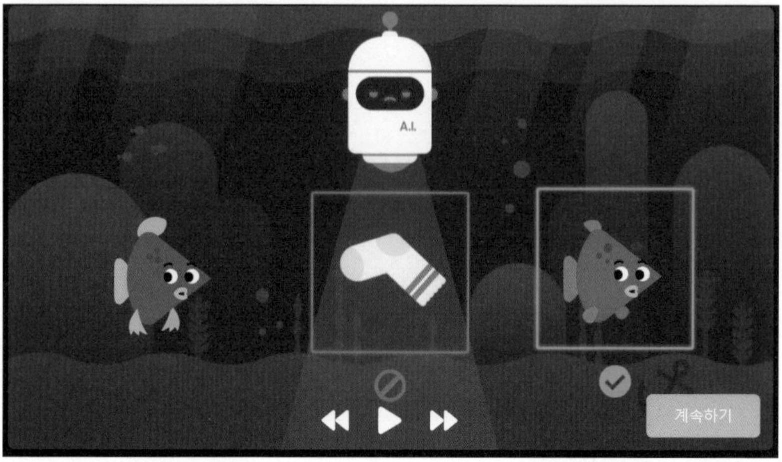

인공지능의 수행을 관찰한 학생들은 잘못 분류된 물고기들을 보면서 정확한 데이터 분류의 중요성을 깨닫게 된다. 예를 들어 타이어를 물고기로 분류하게 되면 인공지능은 나중에 타이어뿐만 아니라 타이어와 유사한 대상까지도 물고기로 분류하는 오류를 범하게 됨을 두 눈으로 확인할 수 있다. 데이터를 더 많이 그리고 더 정확하게 제공할수록 인공지능의 수행과정에서 오류를 줄일 수 있다는 도움말도 나온다. 10개의 데이터보다 100개, 1000개의 데이터를 제공할 때 인공지능이 더 목적에 맞게 기능할 수 있다는 의미이다.

3단계에서는 물고기 외에 바닷속에 사는 다른 생물들, 예를 들어 거북이, 해파리, 수달 등을 해양생물로 분류하는 작업을 한다. 현재까지는 물고기와 쓰레기만 분류했기 때문에 거북이와 바다 달팽이 등을 쓰레기로 분류할 수 있는 위험을 갖고 있기 때문이다. 그래서 이번에는 인공지능을 훈련시켜서 바닷속 생물들을 오염물질로 분류하는 것을 막는 일을 한다. 분류화면에는 "이것은 바닷속에 살고 있나요?"라는 질문이

표시되며 물고기, 거북이, 수달 등 다양한 사진에 대해 2단계와 동일한 분류작업을 한다.

4단계는 지금까지 학습시킨 인공지능이 여러 해양생물과 오염물질을 올바르게 분류하는지 확인한다. 여러 종류의 해양생물과 오염물질이 차례대로 등장하며 인공지능이 물고기와 해양 쓰레기를 분류하는 과정을 지켜본다. 학생들이 인내심을 갖고 인공지능을 충분히 연습을 시키면 더 정확하게 분류하겠지만, 그렇지 않을 경우 해양생물이 버려지는 모습을 보게 될 것이다.

5단계에서 학생들은 좀 더 심화된 내용을 주제로 한 강의 영상을 시청한다. 처음에 등장했던 인공지능 전문가 중 한 명이 나와 '편향된 데이터'의 위험성을 경고한다. 편향적인 데이터란 어떤 특정한 것들이 선호되어 다른 것들은 적게 중요시되거나 배제된 데이터를 뜻한다. 남자의 질병 데이터만 가지고 인공지능을 학습시키면 여자의 질병은 잘 예측하지 못할 수도 있음을 예로 들어 편향성을 설명한다. 그래서 학생들이 두 가지 질문을 꼭 던질 수 있도록 한다. "정확하게 컴퓨터를 훈련시키는 데 충분한 양의 데이터인가?", "이 데이터가 모든 종류의 가능한 상황이나 사용자를 편견 없이 반영하는가?" 이 질문을 답하는 데 핵심은 결국 다양한 곳에서 아주 많은 양의 데이터를 수집하고 인공지능을 충분히 훈련시키는 것이다. 데이터를 수집하고 사용자가 시스템에 입력시키는 과정에서 인공지능이 스스로 코딩을 학습으로 바꾸기 때문이다.

6단계에서는 물고기의 색깔이나 모양을 새로운 분류 기준으로 추가하여 인공지능을 학습시킨다. 이는 머신러닝이 기존에 학습한 패턴 외에 새로운 패턴을 인식하도록 가르칠 수 있음을 의미한다. 이 프로그램에서는 여섯 가지의 선택지를 제공한다. 파란색, 초록색, 빨간색 같은 물고기의 색깔이나, 사각형, 삼각형, 원 등 물고기의 모양이 그것이다. 앞의 그림은 초록색을 인식하도록 분류한 결과 인공지능이 물고기에서 '색'을 중

• 그림 2-8 6단계, 물고기의 중요한 특징 분류

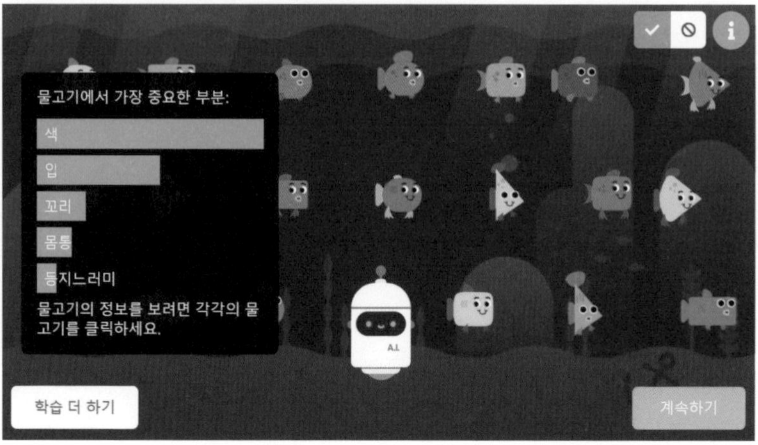

요한 부분으로 인식하고 있음을 보여준다. 만약 학생들이 삼각형, 사각형 등 '모양'을 분류 기준으로 추가하여 데이터를 수집한다면, 인공지능은 물고기의 모양을 중요한 부분으로 인식하고 분류를 수행하게 될 것이다. 이 과정에서 어떤 기준으로 데이터를 분류하여 훈련시키는가에 따라 인공지능의 기능이 달라지고, 정교화된다는 것을 학습하게 된다.

7단계에서는 인공지능이 사회에 미치는 영향을 주제로 한 강의 영상을 시청한다. 이 영상에서는 인공지능이 다양한 분야에서 이미 중요한 영향을 만들어내고 있다고 이야기한다. 인공지능은 우리가 옥수수, 밀 등 식량자원과 풍력, 태양력, 물 등 천연자원을 더 효율적으로 관리할 수 있고, 병을 진단하며 약을 만드는 방식도 급격하게 바꾸고 있음을 그 예로 들고 있다. 또한 시각 장애인이 선글라스를 한 번 터치하면 앞에 어떤 상황이 펼쳐지고 있는지 음성으로 설명해주는 인공지능도 보여준다. 그러나 이후에는 인공지능이 갖고 있는 위험성도 지적한다. 여기서 5단계에서 등장했던 내용이 다시 한번 반복된다. 바로 인간의 편견이다. 인공지능이 머신러닝으로 대학 입시생들의 입학 여부를 결정짓

• 그림 2-9 **8단계 활동 모습의 예**

는 경우나 미래에 일어날 범죄를 예측하는 등의 경우에는 인간의 편견이 개입되면 그 편견이 인공지능과 사회에 영향을 미칠 수 있다는 이야기를 진지하게 다룬다. 그래서 다시 한번 머신러닝이 곧 인간의 학습(human learning)의 바탕 위에 있다는 내용을 주지시킨다.

마지막 8단계에서는 인공지능에게 '무섭다', '행복하다', '화나다', '장난스럽다' 등 주관적인 감정과 관련된 단어를 가르치게 된다. 다음의 그림처럼 무서운 물고기와 무섭지 않은 물고기를 분류하는 작업들을 수행하고, 그 결과 인공지능은 물고기의 생김새를 보고 '무섭다', '무섭지 않음' 등으로 분류한다. 학생들은 물고기의 생김새를 보고 물고기를 분류하는 것이 옳은 일인지 생각해볼 수 있다. 의심의 여지 없이, 사람에 따라 '무섭다'는 기준이 다르다. 어떤 사람은 빨간 물고기가 무서울 수 있지만, 다른 사람은 노란 물고기를 더 무섭게 생각할 수도 있다. 이렇게 주관적으로 분류하게 되면 인공지능이 일관되게 작동되기는 어려울 것이다.

머신러닝을 배우며 인공지능이 할 수 있는 일과 할 수 없는 일, 인공지능이 가져올 수 있는 좋은 가능성과 위험성을 바다의 생태오염이라는 주제로 풀어내는 이 사이트는 내용과 방법의 측면에서 매우 훌륭하게 디자인된 학습 프로그램이라 평할 수 있겠다. 다만 1단계, 5단계, 7단계에서 제공되는 동영상은 영어로 되어 있어 영어가 익숙하지 않은 교사나 학습자가 접근하기에 조금 어려울 수도 있다. 우리나라에서도 이런 수준의 인공지능 교육 콘텐츠가 더 많이 개발되고 보급되어야 할 필요성을 느낀다.

▶ 데이터 분석, 썸트렌드

썸트렌드는 (주)바이브컴퍼니에서 운영 중인 소셜분석 사이트이다. SNS에 담긴 수많은 사람들의 생각과 감정과 관련된 언어자료를 분석하여 특정 주제에 대해 얼마나 많은 사람들이 관심을 갖고 검색했는지 등을 수치로 알려준다. 인공지능의 주된 기능 중 하나가 데이터 분석이므로, 인공지능의 데이터 분석을 간접 경험하기에도 좋은 기회가 된다. 또한 데이터를 활용해 보는 교육에도 유용한데, 서울봉현초등학교 교사 조민의는 '2021 미래교육 수업나눔 콘서트'에서 빅데이터[8]를 활용한 인공지능 교육 사례를 소개하였다. 자세한 내용은 마지막 장의 조민의 선생님과의 인터뷰를 참고하자.

썸트렌드에서 특정 단어를 입력하면, 연관 단어들을 블로그나 뉴스, 트위터와 같은 소셜 네트워크에서 수집해 보여준다. 학생들이 입력한 단어와 관련된 현재 사람들의 생각을 파악하는 데도 유용하지만 데이터 시각화[9]를 통해, 수학과에서 배우게 되는 도표나 그래프를 학습하

---

8) 디지털 환경에서 생성되는 데이터로 그 규모가 방대하고, 생성 주기가 짧고, 형태도 수치 데이터뿐 아니라 문자와 영상 데이터를 포함하는 대규모 데이터를 말함
9) 정보와 데이터를 도표, 그래프, 지도와 같은 시각적인 요소들을 사용

• 그림 2-10 '장애인' 단어에 대한 연관 단어 생각그물 분석

는 데 좋은 보조 자료로 쓰일 수 있다.

인공지능의 사회적 영향 교육

인공지능의 사회적 영향 교육에서는 인공지능이 사회에 미칠 수 있는 영향을 다양한 관점에서 배우게 된다. 인공지능이 사회에 끼치는 영향 중 긍정적인 부분과 악용될 경우 부정적인 영향을 줄 수 있는 부분도 함께 알아본다. 나아가 인공지능의 부정적인 영향을 예방하기 위한 올바른 인공지능 사용 윤리도 학습한다. 다음 내용들은 실제 교육 사례[10] 중 일부를 소개한 것이다.

하여 쉽고 효과적으로 이해할 수 있게 표현하는 절차 또는 기술

10) 조민의 선생님 수업 사례, 'YES AI 교육프로젝트 수업 사례집'–인공지능의 사회적 영향(2020)

▶ 인공지능의 긍정적인 영향

먼저 환경보호, 장애인 돕기 등 공익과 관련된 분야에서 인공지능이 활용되는 사례들을 제시한다. 다음 내용은 AI 음성 합성 기술로 목소리를 복원하여 언어장애가 있는 김소희씨의 목소리를 찾아준 사연[11]으로 수업한 절차를 소개한 것이다.

• 표 2-2 인공지능의 긍정적 영향 수업 사례

수업 단계	수업 내용
도입	AI 음성 합성 기술로 목소리를 복원한 김소희씨 사연 영상 시청
전개 1	우리 주변에 몸이 불편한 사람들 생각하기
전개 2	몸이 불편한 사람들을 위한 인공지능 기술 생각하기
정리	자신의 생각 발표 및 소개하기

학생들은 목소리에 장애를 갖고 태어나, 자신의 목소리로 가족과 소통하지 못하는 김소희씨의 사례를 시청한다. 한 기업이 이 사연을 듣고, 인공지능 음성 합성 기술을 활용하여 김소희씨 목소리를 찾아준다. 음성 합성 기술은 가족의 유전자 분석, 김소희씨의 구강구조 등 음성 관련 신체 기관 분석을 통해 정교하게 목소리를 찾아주는 기술이다. 음성 합성 기술로 목소리를 찾게 된 김소희씨는 잠깐 동안이라도 자신의 목소리로 가족과 소통하는 시간을 갖는다. 영상을 시청한 학생들은 인공지능의 긍정적인 효과에 공감하고, 내가 개발할 수 있는 또 다른 인공지능 기술들을 생각한다.

---

11) AI 음성 합성 기술로 목소리 복원, 김소희씨 목소리 찾아준 사연

해당 영상보기

이 수업은 인공지능 기술을 매개로 하여 사회 전반 분야로 학생들의 관심을 확장시켜줄 수 있다. 이렇게 시야가 확대될 때 우리 주변의 문제에 대해 무심히 지나치는 것이 아니라 적극적으로 해결 방법을 고민하는 태도를 기를 수 있을 것이다.

실제 수업을 받은 한 학생은 해양 방사능 유출 문제를 해소할 수 있는 인공지능을 생각해냈다. 시야를 확장하여 국제 사회의 환경 문제를 해결하는 방법을 제시한 학생의 사례는 인공지능 수업의 잠재효과를 보여준다.

• 그림 2-11 **'제 이름은 김소희입니다'**

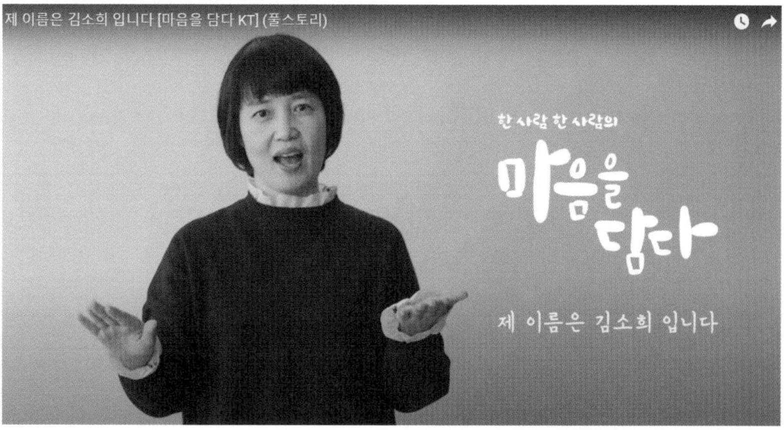

출처: KT 마음을 담다, 캠페인 영상

인공지능의 부정적인 영향

인공지능의 올바른 쓰임을 위해 인공지능의 부정적인 영향에 대한 교육도 실시되어야 한다. 인공지능의 부정적인 영향에 대한 교육은 주로 악용사례를 소개하고, 올바른 인공지능 윤리에 대해 논의하는 순서로 진행된다. 먼저 인공지능 윤리와 관련한 지도 사례와 절차를 살펴보자.

• 표 2-3 인공지능의 부정적 영향 수업 지도 절차

수업 단계	수업 내용
도입	AI가 우리에게 선한 영향력만 주는지 생각해보기
전개 1	인공지능의 악용사례 살펴보기
전개 2	올바른 인공지능 윤리 학습하기
정리	인공지능시대 밝은 미래를 위한 약속하기

수업의 시작에서는 인공지능이 우리에게 좋은 영향만 가져오는지에 대해 생각해본다. 손으로 만지면 무엇이든 금이 되는 마이더스의 손이 사랑하는 사람들을 금으로 만들어버린 것처럼 선한 의도에서 개발된 인공지능도 문제가 될 수 있다는 문제의식을 갖게 된다. 다음 단계에서는 인공지능이 악용된 사례들을 알아본다. 다양한 예를 통해 학생들은 인공지능이 사람의 인권을 침해하고, 생명을 빼앗을 수도 있다는 사실을 배운다. 이렇게 인공지능이 악용될 경우 개인과 사회에 부정적인 영향을 가져올 수 있음을 깨닫고 학생들은 올바른 인공지능 사용 윤리가 필요함을 인식한다. 올바른 인공지능 사용 윤리를 학습한 후, 인공지능과 함께하는 밝은 미래사회를 위한 자신과의 약속으로 수업이 마무리된다.

악용사례를 구체적으로 제시할수록 학습 효과는 높을 것이다. 이때 수업에서 다뤄볼 수 있는 사례들은 다음과 같다.

악용사례, 딥페이크 기술 이용

딥페이크란 심층학습(Deep Learning)과 가짜(Fake)의 합성어로 인공지능을 이용해 허위 영상을 만들어내는 기술이다. 딥페이크 기술이 악

• 그림 2-12 버즈피드가 제작한 딥페이크 영상

영화감독 조던 필(오른쪽)이 성대모사한 영상을 버락 오바마 전 대통령 연설 영상에 입혔다.

출처: 유튜브 캡처

용되어 보고된 피해사례는 딥페이크 이용 음란물 제작·판매, 사칭 및 가짜뉴스 유포, 명예훼손 등이 있다. 특히 딥페이크 이용 음란물 제작·판매의 경우 단속 사례가 계속 늘어나는 추세로, 2020년도에 548건 비해 2021년에는 1,408건으로 2.5배 이상 증가했다.

악용사례, AI 목소리 복제 기술 이용

음성 합성 기술을 이용한 악용사례도 증가하고 있다. 인공지능 분석을 통해 특정 사람과 비슷한 목소리를 만들어서 보이스 피싱 등 범죄에 이용하는 것이다. 2019년 영국의 한 에너지 기업은 AI 보이스 피싱으로 22만 유로(약 2억 9,000만 원)의 피해를 입었다. AI가 기업 CEO의 목소리를 똑같이 흉내 내서 발생한 사건이었다.

악용사례, 암살, 군사적 목적에 AI 기술 이용

살상이나 군사적 목적으로 AI 기술이 이용된다면 더 큰 문제를 불러올 수 있다. 러시아는 AI 로봇이 전투 임무에 독립적으로 참여할 수 있

• 그림 2-13 **이란 핵과학자 파크리자데(왼)와 암살 현장(오)**

출처: 중앙일보(2021. 9. 19.), 이란 핵과학자 암살범, 이스라엘 '얼굴 인식' 킬러로봇이었다.

게 하는 데 집중하여 연구 중이다. 미국은 AI 군 요원, 로봇 및 자율장비와 무인 전투시스템을 위한 연구 개발에 착수했다. 2020년 암살된 이란의 한 핵무기 과학자도 이스라엘 정보기관이 원격조정으로 움직인 로봇 기관단총에 의한 것으로 뉴욕타임즈가 최근 보도했다.

인공지능 윤리의 과거와 현재

위의 악용사례들은 인공지능 윤리의 약화 혹은 부재로 생긴다고 봐도 무방하다. 인공지능 윤리란 인공지능 개발, 연구, 적용 등에 대한 사회적인 합의와 관련된 문제를 일컫는다(허유선 외, 2020).[12] 이와 같은 악용사례를 피하기 위해서는 인공지능에 대한 윤리를 확립시킴과 동시에 사회적 합의를 통해 윤리를 실천해 나가야 한다.

인공지능 윤리의 시작을 논의할 때 보통 아시모프의 로봇 3원칙을 꼽는다. 미국의 공상 과학 소설가인 아이작 아시모프는 1942년에 소설 '런어라운드(Runaround)'에서 로봇의 3가지 작동원칙을 언급했다.

12) 허유선 · 이연희 · 심지원(2020), 인공지능 윤리와 로봇 윤리, 차이와 연속성: 모두의 윤리로서 인공지능 윤리를 향하여, 철학 · 사상 · 문화, 34, 41-72.

• **표 2-4 아시모프의 로봇 3원칙**

제1원칙	로봇은 인간에게 해를 가하거나 행동을 하지 않음으로써 인간에게 해를 끼치지 않는다.
제2원칙	로봇은 첫 번째 원칙에 위배되지 않는 한 인간이 내리는 명령에 복종해야 한다.
제3원칙	로봇은 첫 번째와 두 번째 원칙을 위배하지 않는 선에서 로봇 자신의 존재를 보호해야 한다.

표에서 볼 수 있듯이 아시모프의 로봇 3원칙은 주로 인간에게 해를 끼치지 않는 것과 인간의 명령에 대한 복종을 강조하고 있다. 여기서 로봇 3원칙을 매슬로우의 욕구단계설에 비춰 다시 살펴보자. 이 이론은 인간의 다양한 욕구를 체계화했다는 데에 의의가 있는데 인간의 욕구를 상위 욕구와 하위 욕구로 나누었다는 점에서 매우 흥미로운 이론이다.

• **그림 2-14 매슬로우 욕구단계 이론**

로봇 3원칙을 욕구단계설에 근거해 이해해보자. 그러면 1920년대 인공지능 윤리는 대부분 인간의 하위 욕구 범주인 '안전의 욕구'와 관련이 많다는 것을 알 수 있다. '안전의 욕구'란 외부의 위험, 위협으로부터 자신을 보호하고, 불안으로부터 벗어나려는 것과 관련 있는 욕구이다. 즉

• 그림 2-15 인공지능 3대 기본원칙

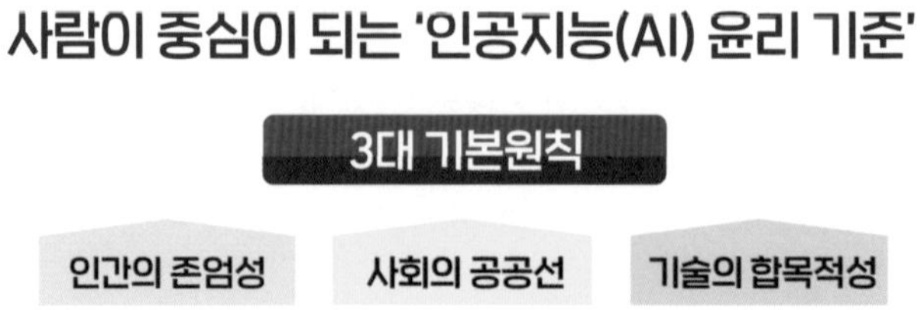

출처: 관계부서 합동(2020), 인공지능(AI) 윤리기준

아시모프의 로봇 3원칙에는 인간의 자아실현, 존경, 사회적 욕구와 같은 상위 욕구에 대한 논의가 부족하다.

인공지능 윤리에 대한 기준들은 아이작 아시모프 이후에도 계속 논의되고 발전해왔다. 그렇다면 2020년대에 논의되고 있는 인공지능 윤리는 1920년대의 이해와 비교해 어떤 점이 다를까? 최근의 인공지능 윤리 기준에서는 인간의 존엄성과 사회의 공공선, 기술의 합목적성을 강조한다. 아시모프의 로봇 3원칙과 인공지능 윤리 3대 기본원칙을 비교해보면, 인공지능 윤리는 로봇이나 인공지능 소프트웨어 자체의 책무와 관련된 '기계 윤리'에서 개발자, 공급자, 사용자 등 '사람 중심 윤리'로 발전되어 왔음을 알 수 있다.

사람이 중심이 되는 인공지능 윤리 기준은 3대 기본원칙이 핵심이다. 인간의 존엄성 원칙부터 살펴보자. '존엄성'이란 인간이 가치가 있고, 존중받고 윤리적인 대우를 받을 권리가 있음을 의미한다. 즉, 인간의 존엄성 원칙은 인공지능이 인간의 존엄성에 해가 되지 않는 범위에서 개발 및 활용되어야 한다는 것이다. 앞서 언급한 매슬로우의 욕구 단계설에서 볼 때, 존엄이라는 개념은 생명 및 안전을 포함하면서도 더 상위 욕구인 사회적 욕구 혹은 존경(존중)의 욕구까지도 포괄한다고 볼 수 있다.

사회의 공공선 원칙은 공익 증진을 위한 인공지능의 개발 및 활용과 연관이 있다. 인류의 복지를 높이는 방향으로 인공지능이 사용되어야 한다는 것을 의미한다. 공공선은 사회 전체의 이익, 즉 공익을 뜻하므로 다수의 행복을 증진하는 방향으로 인공지능이 개발, 활용되어야 한다는 원칙이다.

기술의 합목적성 원칙은 인류의 삶에 필요한 도구로서 인공지능이 개발되고 활용되어야 한다는 것이다. 합목적성은 대상이 올바른 목적으로 존재하는 상태를 의미하는 말이다. 인공지능의 개발과 활용이 인간의 삶에 도움을 주는 본래 목적에 맞게 이루어져야 함을 강조한다.

이상으로 논의한 인공지능 3대 기본원칙은 아시모프의 로봇 3원칙과 비교하여 볼 때 개인의 안전에서 개인의 행복과 관련된 상위 욕구로, 개발 및 사용 기준도 개인에서 사회 전체의 번영으로 한층 더 발전되었음을 알 수 있다.

초등교육에서 인공지능 교육의 유형은 앞에서 말한 세 가지 유형으로 분류되어 있으나, 하위 내용들은 체계화되고 있는 중이다. 각각의 유형에 맞는 교육 체계는 인공지능 선도학교 등에서 다양한 현장 연구 등으로 논의, 확장되어 가고 있다. 2022년 개정 교육과정에서 인공지능 교육이 적용되고, 2025년부터 각 학교 교육과정에 정식으로 도입되면 내용이 체계화되겠지만, 올바른 방향으로 인공지능 교육이 이루어지기 위해서는 지금부터 심도 있는 연구와 논의가 필요하다.

AI 교육의 강점과 약점

인공지능 교육의 강점

AI 교육은 학습자의 요구에 즉각적으로 대응할 수 있고, 24시간 어디에서든지 이용 가능하며 반복적인 질문에도 한결같은 답을 할 수 있는 등 다양한 강점을 가질 수 있다. 여기에서는 이렇게 다양한 종류의 강점을 '개별성', '편의성', '접근성'으로 분류하여 이야기해 보고자 한다.

먼저, AI 교육은 다양한 학습자들에게 극대화된 '개별성'을 제공할 수 있다. 학생들은 그 수준에 따라 적절한 학습 전략 혹은 교수 전략이 필요하다. 예를 들어, 하위권 학생은 개념을 응용하여 문제를 푸는 경험보다, 개념 자체에 대한 이해를 다양한 맥락에서 반복하여 학습을 하는 과정이 필요하다. 반면, 상위권 학생들은 학습한 개념을 다른 맥락에서 기존에 학습했던 개념과 연관 지어 문제를 해결하는 심화된 학습이 요구된다. 이에 더해, 어떤 학생들은 독서가 익숙해 글자가 대부분인 학습자료를 잘 이해하는가 하면, 시각 자료나 신체활동 등 구체적이고 실제적인 학습에 능률을 더 보이는 학생들도 있다.

2020년을 기준으로 초등학교에서는 교사 한 명이 평균적으로 15명 가량을 가르치고 있다고 집계되고 있다. 그러나 학생 수는 적어졌을지언정 코로나 방역, 학부모 상담, 담당 업무 처리, 전문성 향상 연수, 교실 정리 등등 수많은 부가 업무들의 양은 그대로이거나 더 늘어났다. 심지어 드론이나 VR 혹은 AR 등 기술이 발달하며 익혀야 할 새로운 기술이나 지식이 늘어났으며 코로나 상황 이후에는 교실방역은 물론 원격수업 방법에서의 전문성까지도 갖추도록 요구받고 있다. 특히 영어나 과학 등 전문 과목을 담당하는 교사들은 여전히 수백 명의 학생을 교육하고 있다.[13] 이런 상황에서 교사에게 학생들의 개인별 학습 진척 상황을 끊임없이 관찰하고 이에 따른 피드백을 적시에 제공하며, 개별적인 학습 경로를 설계, 제공하는 역할을 기대하기란 현실적으로 어려워 보인다.

인공지능 교육은 이렇게 고질적인 교육의 어려움을 극복하는 데 상당한 도움을 줄 수 있다. 촘촘하게 설계된 학습 시스템 안에서 학생들은 개인 역량을 실시간으로 진단받게 된다. 특히 시험을 보았을 때, 결과를 즉시 확인하고 어느 영역이 부족한지에 대한 피드백을 즉시 받을 수 있으므로 선생님이 채점할 때까지 기다리지 않아도 될 것이다. 또한 인공지능 교육은 자신의 수준에 적합한 주제를 개인 성향을 고려하여 알맞은 난이도로 학습할 수 있도록 도울 수 있다. 학습 진척이 평균에 비해 빠르거나 더딘 사례가 발견될 경우, 인공지능은 해당 학생에게 적합한 학습 과제를 진행 속도에 맞게 제공할 것이다. 이렇게 개별 학생의 성향에 따라 학습 자료나 학습 활동이 재구성됨에 따라 학습 능률도 개선될 여지가 크다. 모든 학습 과정은 교사가 체크할 수 있도록 학습 관리 시스템에 등록된다. 학생 계정에 저장된 데이터들을 바탕으로 교사는 학생과의 상담 및 학습 계획 수립하기가 한결 수월할 것이다.

다음으로, 인공지능 교육은 교육의 편의성을 증대시킬 수 있다. 예를 들어, 인공지능 교육은 학습 활동에 필요한 다양한 능력 중 일부를 보조함으로써 학습 편의성을 증대시킬 것이다. 하나의 학습 활동을 성공적으로 수행하기 위해서는 보통 여러 가지 능력이 동시에 요구된다. 예를 들어, 6학년 국어에서는 속담과 같은 관용표현을 이해하고 적절히 활용하는 활동을 하게 된다. 이때, 그림으로 속담을 표현해서 알아맞히는 활동을 진행할 수 있다. 성공적으로 과업에 참여하려면, 속담에서 핵심적인 단어를 찾아내는 능력과 더불어 이를 시각화하는 능력이 필요하다.

13) 한국교육개발원(2020), 교육통계 분석자료집

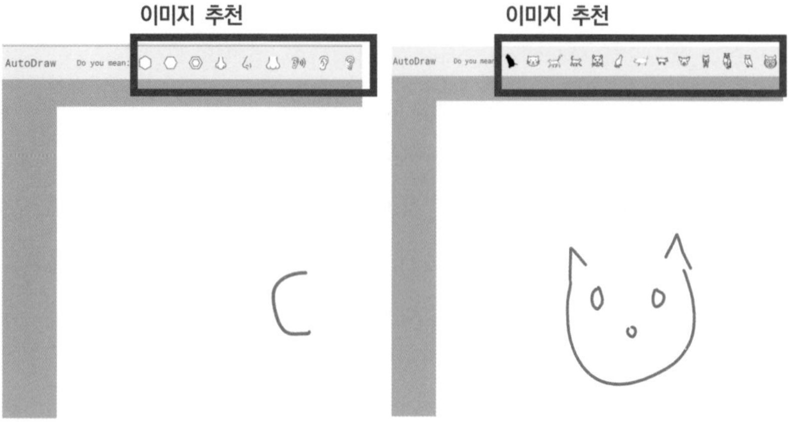

• 사용자가 그린 것을 바탕으로 상단 탭에서 다양한 이미지를 추천해준다.

이때 인공지능 도구를 사용하면 어떨까? 오토드로우(autodraw)는 인공지능이 사용자의 그림을 분석하여 그리고자 하는 대상을 미리 예측해서 완성본을 목록화하고 사용자가 고를 수 있도록 도와준다.

위의 그림에서 보이듯이, 반원 하나만을 그렸음에도 불구하고 코, 귀, 육각형 등을 추천해주고 있으며, 일부만 그린 동물도 고양이, 돼지, 부엉이 등으로 인식하여 완성된 그림을 예측하여 제시하고 있다. 이제 그리기에 자신이 없는 학생은 인공지능의 힘을 빌려 자신이 원하는 그림을 선택해 표현하면 된다. 이렇게 향상된 학습 편의성은 학생들이 본질적인 과제 수행에 집중할 수 있게 해준다. 특히 필자들의 현장 경험에 비추어 볼 때, 그리기, 만들기, 연주하기 등의 보조 기능이 학생들의 학업 수행 의지 및 과업 완성도를 저해하는 경우가 많았다. 학생 개개인의 약점을 보완해 줄 수 있는 인공지능 교육은 학생들의 수업 참여를 좀 더 용이하게 해줄 것이다.

마지막으로, 인공지능 교육은 접근성을 비약적으로 상승시켜줄 것이다. 인터넷은 무궁무진한 정보, 전 세계의 사람들과 만나고 소통할 수 있는 기회를 제공할 수 있다. 그러나, 다음 그래프에서 보이듯이 한국어

• 그림 2-16 2020년 1월 언어별 인터넷 사용자의 비율

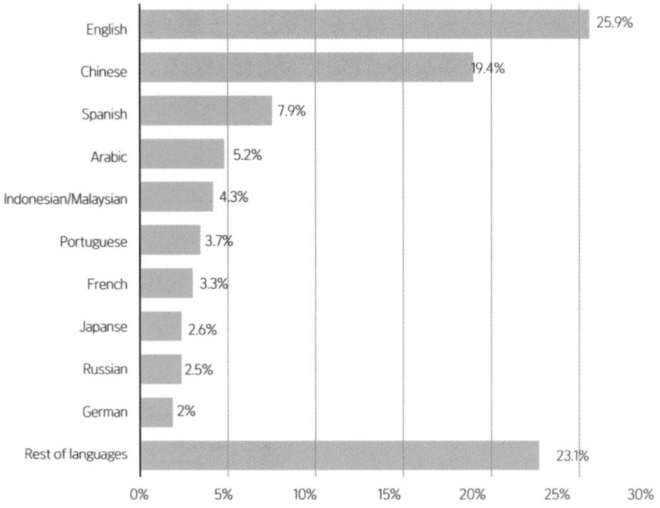

출처: statista.com

(Rest of languages, 즉 기타 언어에 포함됨)로 접근 가능한 정보와 만날 수 있는 사람의 정도는 영어나 중국어, 스페인어 등 다른 나라의 언어를 사용하여 인터넷을 사용하는 때와 비교해본다면 극히 제한되어 있다고 볼 수 있다. 대부분의 한국인들은 아직 정보의 바닷속 극히 일부분만 탐험하고 있는 것이다.

이 접근성과 관련하여 로블록스라는 메타버스 공간에서 율곡이이 선생의 '자운서원'을 건축하여 화제가 된 '황찬우' 군의 이야기를 함께 살펴보자. 황찬우 군은 초등학생 때 이미 한국사능력검정시험 1급에 합격할 정도로 대한민국 역사를 사랑하는 학생이다. 황 군은 6학년 때 자신의 거주지역인 파주의 자운서원 문화유산 연구를 하며 이를 전 세계에 알리기로 했다. 그래서 로블록스라는 게임을 통해 자운서원을 건축하기

• 그림 2-17 **파주 자운서원의 모습과 황찬성 군이 로블록스로 만들어낸 자운서원**

출처: 와글와글팩토리TV – [로블록스 게임메이커] 로블록스로 만드는 역사이야기에서 갈무리

로 결정했다. 로블록스에서 한국의 서원은 한 번도 만들어진 적이 없었기에, 여러 가지 방법으로 도움을 구했다. 와글와글 팩토리라는 국내 교육 벤처기업에 자문을 구하기도 하고, 게임을 같이 하는 옆집 형에게도 도움을 구했다. 황 군은 AI 기술을 통해 정보 접근성을 확대했고 그 결과 서원 만들기 프로젝트는 더욱 발전할 수 있었다. 황 군은 영어를 잘 모르지만 '구글 번역기'를 이용해 프랑스와 이탈리아에 있는 게임 고수에게 팁을 얻기도 하고, 중국의 전통 건축물을 만들었던 미국의 게임 유저와 소통했다. 서원을 완성하는 과정에서 외국인 유저들이 호기심을

보이거나 중국에 있는 건물을 짓는 것으로 착각할 때는 한국에 있는 율곡이이의 서원이라고 답을 하며 실제로 세상과 소통했다.

인공지능 교육의 약점

카이스트 명예교수 김진형 교수가 인공지능의 한계를 지적한 바 있듯이, 인공지능 교육을 결점이 없는 완벽하고 이상적인 만병통치약과 같은 교육이라고 생각하면 곤란하다. 그렇게 보이는 만큼 오히려 한계점을 생각해보는 것이 중요하다. 미래 교육에 대한 담론에는 이미 결정된 방향으로 무조건 전진하는 일방적인 이야기보다, 자유롭고 대담한 상상력에 기초한 열려있는 이야기를 담을 수 있어야 하기 때문이다. 지금까지 논의한 바를 토대로 인공지능 교육이 가질 수 있는 몇 가지 약점 혹은 문제점 등을 생각해보자.

먼저, 인공지능 교육은 학습자의 자기주도성을 저해할 수 있다. 하나의 플랫폼에서 학습할 때, 인공지능은 프로그램의 목적에 따라 설계된 알고리즘대로 사용자를 이끌게 된다. 이런 과정에서 학생들은 인공지능의 알고리즘의 안내에 따라 학습하게 된다. 그 결과, 학습자는 시행착오를 통해 스스로 공부 시간, 공부 방법, 공부 내용 등을 조정하는 기회를 갖지 못하게 될 수도 있다. 가장 흔한 예는 유튜브에서 찾을 수 있다. 유튜브에서는 사용자가 더 많이 콘텐츠를 시청하도록 기존 검색 키워드나 관심 영상, 성별, 연령대 등을 기반으로 새로운 영상을 추천해준다. 때로는 관심분야의 콘텐츠가 아님에도 유튜브의 영상 추천란에 추천되어 있는 영상을 클릭해서 시청하게 되는 경우도 있다. 그래서 유튜브의 댓글창에는 종종 '알 수 없는 알고리즘에 이끌려' 콘텐츠를 시청했다는 댓글도 심심치 않게 찾을 수 있다(EBS 지식채널e–'알 수 없는 연결고리' 참고).

• 그림 2-18 EBS 지식채널e '알 수 없는 연결고리' 중

학습 프로그램에서의 인공지능 또한 학습자가 최대한 많은 시간 동안 효율적으로 학습을 진행할 수 있도록 설계될 것이다. 학습에 대한 최종 결정을 내리는 것은 사용자이지만 인공지능은 사용자의 데이터 분석 결과에 따라 가장 흥미가 있어 할만한 학습 요소를 제공하며 사용자의 학습을 최대한으로 유도할 것이다. 다르게 말하면, 학습자들은 어떤 특정한 경로 안에서 움직이도록 자극을 받을 것이며, 그 자극에 반응하는 데이터를 인공지능에 제공하며 공부를 계속할 것이다. 그렇다면 학습자들은 AI에 의해 수동적으로 자기주도적 학습을 한 것인가?

다음으로, 인공지능 교육이 주는 편의성도 항상 긍정적으로 바라볼 수만은 없다. 인간은 불편함에서 영감을 얻기도 하고, 자기 스스로를 계발하거나 새로운 아이디어로 세상을 바꿔가기 때문이다. 여러 언어교육 연구자들은 새로운 언어를 습득하여 사용하는 과정에서 학습자들이 기존의 자아를 다시 돌아보며 자아를 재형성한다고 밝히고 있다(Norton, 2013). 만약 인공지능 교육으로 외국어 학습에 대한 필요성이 낮아진다면, 상대적으로 목표 언어에 대한 노출 및 사용 경험도 인공지능에게 넘겨주어야 할 것이다. 외국어 교육은 다른 언어에서 사용하는 단어, 문법,

속담 등에 담긴 사소하지만 중요한 의미를 살펴보는 기회를 제공한다. 이는 다른 언어를 통해 자신을 돌아보는 경험이 적어짐을 의미하며 결국 자아 재형성을 꾀할 수 있는 시간도 줄어든다는 것을 의미한다. 또한 파파고나 구글 번역기 등 인공지능이 채택하는 번역 모델과 오토드로우가 인공지능으로 추천해주는 그림은 다른 방식으로 번역되거나 그려질 수 있었던 다른 가능성들을 없앤다. 개인에 따라 얼마든지 다르게 선택할 수 있었던 어휘나 개성이 담긴 표현을 담아낼 수 없게 되는 것이다. 마찬가지로 고양이는 문화에 따라, 개인 선호에 따라 무궁무진한 방식으로 그려질 수 있지만 오토드로우에서 제시하는 그림의 수는 제한적일 수밖에 없다. 헬로키티의 키티도 고양이고, 톰과 제리의 톰도 고양이다.

새로운 언어를 습득하고, 나의 개성을 담은 고양이를 그리는 능력을 얻기까지는 시간이 오래 걸리고 어려우며 불편할 것이다. 끈기, 인내, 그리고 노력하는 시간이 뒷받침되지 않는다면 아예 그런 능력을 가질 수 없을지도 모른다. 여기서 우리는 선택의 기로에 선다. 인공지능 교육을 통해 실패에 대한 부담 없이 확실한 결과물을 만들어내며 아이들을 가르치는 것이 옳은가? 아니면 불편함과 불확실성을 견디면서 새로운 능력을 스스로 개발하고, 예측할 수 없었던 미래를 꿈꾸게 하는 교육을 할 것인가? 우리는 인공지능 교육을 그 사이의 지점으로 이끌어갈 수 있을까?

인공지능 교육은 기존 교육의 한계점을 보완해주는 강점과 인공지능의 자체의 특성에서 기인하는 취약성을 내포하고 있음을 살펴보았다. 또한 인공지능 교육은 기존 교육의 한계점을 보여주었고 동시에 인공지능 교육의 한계점은 우리가 인공지능 교육에 대해 비판적으로 접근할 필요가 있으며 미래 교육이 좀 더 다양한 모습을 포괄해야 함을 시사했다. 다음으로는 국내와 해외의 교육 현장에 인공지능 교육이 어떻게 적용되고 있는지 알아보자.

Chapter 3

교실 속 AI 이야기

Chapter 3

교실 속 AI 이야기

교육에 활용되는 AI

교육 현장에는 AI가 다양한 영역에서 활용되고 있다. 먼저 AI 플랫폼과 AI 시스템 활용의 측면에서 살펴보고, 마지막으로 교육정책은 어떻게 인공지능의 활용을 지원하고 있는지 알아보자.

구글 AI 스피커

대구교육대학교 부설초등학교에서는 '구글 AI 스피커'를 활용해서 영어 수업을 더욱 다채롭고 흥미롭게 만들어주고 있다. 해당 학교에서는 '구글 AI 스피커'를 활용하여 학생들이 웹 기반으로 상호 협력해 문제를 하나의 미션처럼 해결하는 '웹 퀘스트(Web quest)' 방법을 적용하였다. 학생들은 주어진 과업을 수행하기 위해 필요한 정보들을 온라인 환경에서 찾는데, 이때 AI 스피커는 학생과 필요한 정보를 이어주는 매체로서 기능한다.

학생들은 AI 스피커를 통해 실제 원어민이 말하는 듯한 언어자료를 듣고 과업 수행에 필요한 정보를 찾아낸다. 도중에 모르는 영어 표현이 생기면 언제든지 AI 스피커에 묻고 도움을 받는다. 이 수업에서 6학년 김종환 학생은 "처음에 AI 스피커에서 나오는 영어가 빠르고 어려워 알아듣기 힘들다고 생각했지만, 수업의 단계대로 따라가다 보니 중요한 단어들을 알아들을 수 있었고, AI 스피커로 공부하니 영어로 말하기에 더욱 흥미가 생겼다."라고 수업 소감을 말했다.

AI 스피커의 장점은 언제, 어디서나, 별다른 제약 없이 모르는 부분을 피드백 받을 수 있다는 점이다. 그래서 교사와 소통하는 것과 비교해 볼 때 접근성 면에서 장점이 있다. 이에 더해, 원어민 발음과 구분이 어려울 정도로 정교한 발음이 제공되기 때문에 원어민이 아닌 한국인 교사의 발음 오류도 보완해 줄 수 있다는 강점을 갖는다. 앞으로 AI가 영어교육에서 긍정적인 역할을 할 것이라는 전망이 나오는 이유다.

• **그림 3-1 대구교육대학교 대구부설초등학교 '구글 AI 스피커'를 활용한 영어 수업**

출처: 대구신문(2020. 1. 13.), 우리 영어선생님은 'AI 스피커'

▶ 똑똑 수학탐험대

인공지능은 수학 수업에도 활용이 확대되고 있다. 초등학교 1, 2학년을 대상으로 한 '똑똑 수학 탐험대'가 그것이다.

'똑똑 수학탐험대'는 담임교사가 학급 생성 후 학급 학생들을 초대하여 활용한다. '똑똑 수학탐험대'는 총 6개의 카테고리로 구성되어 있다. 자세한 사항은 아래와 같다.

① 교과활동: 수학 교과서의 단원과 차시에 따른 학습
② 탐험활동: 미션을 수행하면서 스스로 심화, 보충 학습
③ 인공지능 추천활동: 진단에 따른 개인별 학습
④ 자유활동: 다양한 수학 게임을 통한 학습 내용 연습
⑤ 교구: 수학 교과서에 나오는 교구를 통한 개념, 원리 습득
⑥ 평가: 학생의 학습 정도를 파악할 수 있는 차시, 수시(다원), 진단 평가

여섯 가지 단계 중 세 번째 단계인 인공지능 추천활동에서 AI는 학생들 개별 상태를 진단하여 수준에 맞는 학습을 할 수 있도록 돕는다. 학생이 수학탐험대를 통해 학습을 하면 사용 데이터가 남아 학생의 수준 진단에 활용되는 것이다.

'똑똑 수학탐험대'의 가장 큰 장점은 AI의 진단에 따른 맞춤형 개별학습과 온라인 환경에서의 자유로운 자기주도 학습이다.

• 그림 3-2 **'똑똑 수학탐험대' 안내자료**

출처: 교육부

인공지능 영어 말하기 서비스 'AI펭톡'

EBS에서 개발한 'AI펭톡'은 인공지능 영어 말하기 서비스를 통해 초등학생의 영어 수업을 지원한다. AI펭톡은 인공지능 캐릭터 '펭수'와 영어 말하기 연습을 할 수 있는 시스템이다. 컴퓨터나 태블릿 PC, 스마트폰 등 휴대용 기기에 앱을 내려받아 사용할 수 있고, AI 캐릭터 펭수와 학생이 일대일로 대화할 수 있는 기능을 제공한다.

대표적인 기능은 실시간 발음교정이다. 학습자가 말한 영어 문장이나 단어가 시스템에 입력되면 올바른 발음과 그렇지 않은 것을 구분하는데 잘못된 발음은 즉시 교정 받을 수 있다.

• 그림 3-3 'AI펭톡' 안내자료 - 발음 및 표현 연습

출처: EBS

사물인식 기능도 눈여겨볼 만하다. 사용자가 카메라로 주변을 비추면 사물을 인식하고, 카메라로 비춘 부분에 있는 사물 위에 알파벳으로 단어가 표시된다. 학생들은 친숙한 주변 사물을 통해 단어를 익힐 수 있다.

다만 아직 인식할 수 있는 사물이 제한되어 있어 추가적으로 업데이트가 필요해 보인다.

• 그림 3-4 **'AI펭톡' 안내자료 - 주변 사물 스캔, 단어 제시**

출처: EBS

AI펭톡의 주요 기능을 요약하면 아래와 같다.

• 그림 3-5 **'AI펭톡' 항목별 주요 기능**

토픽월드	스피킹	렛츠톡	스캔잇	스쿨톡
교과서와 관련된 표현을 반복적으로 연습 가능	대화주제를 기반으로 상황별 회화연습	펭수와 대화하는 프리톡 가능	사물인식 기능 활용 단어 학습	친구들과 특정주제에 대해 토의·토론 하는 공간

출처: 교육부

클래스팅 AI

인공지능 기반 학습 플랫폼[1]인 클래스팅 AI의 가장 큰 장점은 데이터 기반 맞춤형 학습이다. 회원 가입을 한 학생에게 학습 진행 상황을 알려주고, 그에 따른 수준별 문제 제공 등을 통해 개별학습이 가능하도록 했다. 아울러 학습 후에 해당 학생의 순위, 학습 결과에 따른 스테이지 변동 등을 표시해주어 학습을 지속할 수 있도록 보상을 제공한다. 등록된 문제의 수와 유형이 방대하다는 것도 장점이다.

• 그림 3-6 **학습 진행 상황**

출처: 클래스팅 AI

클래스팅 AI는 특히 수학 학습에 큰 도움을 줄 수 있는데, 처음 클래스팅 AI가 나왔을 때부터 클래스팅 AI를 수학 지도에 활용해온 서울중광초 임세범 교사는 클래스팅 AI의 효과를 다음과 같이 이야기한다.

---

1) 하나의 컴퓨터 시스템을 바탕으로 하는 운영체제

"AI 활용 학습은 마치 수학 교과에서 수학익힘책 역할과 같습니다. 학교에서 수학시간에 교사가 개념 및 이해가 필요한 지도를 했으면, 이후 가정으로 돌아간 학생의 개별학습에 AI 시스템이 도움을 주는 것이지요. 문제를 틀리면 무한 도전이 가능한 점 등을 강점으로 학생들은 틀린 문제를 재도전하여 해결할 수 있는 기회를 가지게 됩니다. 친구들 앞에서 문제를 틀렸다는 심리적 부담감도 해소되지요."

다수의 학생들을 지도하는 교사 입장에서도 과제 제시 등으로 클래스팅 AI를 활용할 수 있으며, 개별 학생의 학습량 및 문제풀이의 정확도까지 한눈에 파악할 수 있다는 점에서도 이점이 있다.

• 그림 3-7 **A학생 학습량과 정답률**

출처: 클래스팅 AI

▶ 티처블 머신

학생들이 딥러닝 개념을 익히면서 직접 인공지능을 만들어 볼 수 있는 프로그램이 티처블 머신(Teachable Machine)이다. 이후에 소개될 수업 사례(92쪽 참고)에서 티처블 머신이 과학 수업에 어떻게 적용되었는지를 확인할 수 있다.

티처블 머신은 3가지 주요한 학습 과정이 있다. 처음에 이미지, 소리, 자세 등 다양한 데이터를 찾으며 '모으기'를 하고, 수집한 데이터로 인공지능을 '학습시키는'단계로 이어진다. 마지막으로 '내보내기'를 통해 만든 모델을 공유할 수 있다. 다른 사람들도 모델을 내려받아 이용할 수 있다.

• 그림 3-8 **티처블 머신을 통한 다양한 분류**

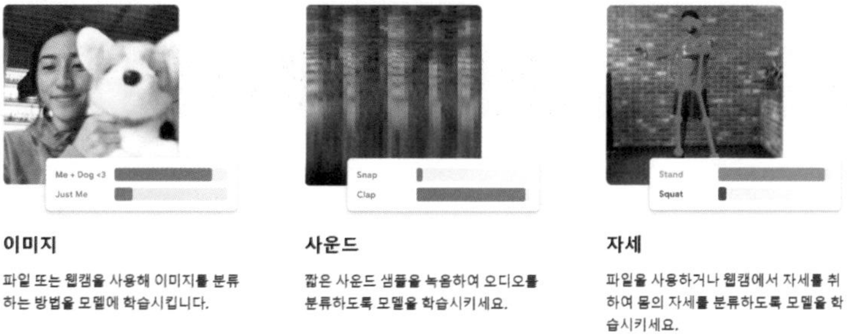

출처: Teachable Machine 홈페이지

▶ 스파키(Sparky)[2]

마지막으로 소개할 인공지능 플랫폼은 동작인식 인공지능인 스파키(Sparky)다. 이미 유튜브에 'Sparky'를 쳐보면 많은 동작들을 저장한 영상들이 나온다. 스파키의 장점은 나의 동작과 업로드된 영상 속 모델의 영상을 실시간으로 비교하며 동작을 익힐 수 있다는 점이다.

---

2) 현재(2022년)는 일부 유료화되어 모든 기능 사용에 제한이 있을 수 있다. 소개된 사례는 2021년에 수업한 것이다.

얼마나 정확하게 동작을 따라하느냐에 따라 점수가 매겨지므로 즉각적인 피드백이 가능하다는 장점이 있다. 즉각적인 피드백은 마치 점수처럼 느껴지므로 게임을 하듯이 즐기며 배우고자 하는 동작을 익힐 수 있다. 예컨대 체육 수업에서 테니스 동작을 배울 때 선생님이 시범 동작을 업로드해두면 학생이 수시로 선생님의 동작과 자신의 동작을 비교하며 스스로 교정을 할 수 있다.

구체적인 수업 적용 모습은 이후 소개될 수업 사례(96쪽 참고)에서 신상도초등학교의 스파키를 활용한 체육 표현활동에서 확인할 수 있다.

• 그림 3-9 **스파키에서 신상도초 3학년 학생이 동작을 따라 하는 모습**

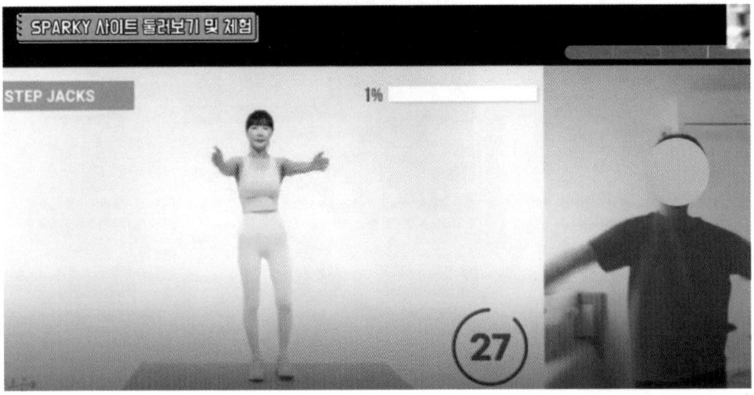

출처: 신상도초 AI 유튜브

인공지능 튜터 마중물 학교

'인공지능 튜터[3] 마중물 학교'는 국가 교육정책의 하나로 인공지능을 활용해 맞춤형 학습을 제공한다. 특히 취약계층 학생의 기초학력을 보장하는 데 주요한 사업 목적이 있다. 마중물 학교에 선정되면 국가로부

3) 가정교사, 개인 지도교사를 의미함

터 스마트교육과 관련한 지원을 받게 된다.

인공지능 튜터 마중물 학교로 선정되어 2021년 하반기부터 운영을 시작한 서울동명초등학교의 사례를 살펴보자. 동명초등학교는 스마트기기를 지원받아 다문화 특별학급 2학년에서 6학년 학생 중 총 12명을 대상으로 마중물 학교를 운영하였다. 동명초에서는 (주)아이스크림에듀의 '아이스크림 홈런'과 '사이버 세종학당 한국어교육'을 활용했다.

동명초 윤세영 교사는 "다문화 학생이 점점 많아지는 가운데 인공지능이 학생의 한글 문해력 향상에 큰 역할을 하고 있다"고 언급했다. 다문화 학생의 경우 한국 체류 기간이나 부모님의 한국어 능력 수준에 따라 한국어 능력이 서툴 수 있는데 이런 경우 학생은 학습 활동에 적극적으로 참여하기 어려워지고 교사 또한 수업 계획이나 운영에 어려움을 겪게 된다. 윤 교사는 이런 상황에서 한국어 인공지능 튜터 도입으로 학생들이 스스로 즐겁게 학습함과 동시에 취약했던 한글 문해력이 개선되어가는 모습이 인상적이라고 답했다.

이제 우리나라 교육 현장의 인공지능 수업 사례를 구체적으로 살펴보도록 하자.

한국 초등학교 수업현장

• 그림 3-10 **초등학교 인공지능 교육의 목표**

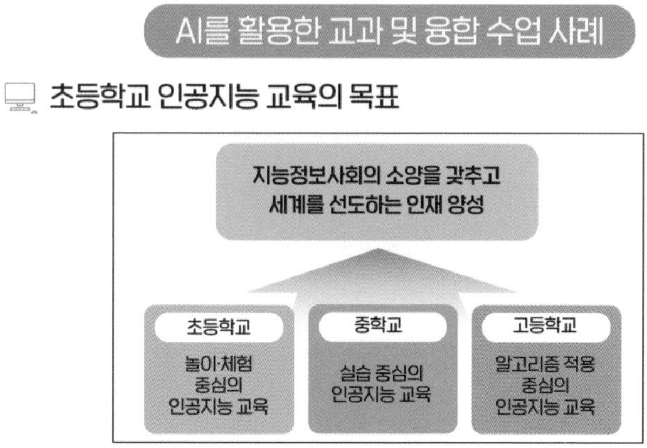

출처: 교육부 · 한국과학창의재단(2021), 학교에서 만나는 인공지능 수업

우리나라의 인공지능 교육정책에서는 지능정보사회의 소양을 갖추고 세계를 선도하는 인재를 양성하는 것을 목적으로 한다(교육부, 2021). 그 목적을 달성하기 위하여 초등학교 수준에서는 놀이와 체험을 중심으로 인공지능을 배우게 된다. 이번 장에서는 실제 교실에서 수업시간에 인공지능이 어떻게 교육되고 있는지 서울의 AI 선도학교 중 하나인 신상도초등학교의 음악, 체육, 과학 수업을 통해 살펴보자.

인공지능과 음악교육

먼저 살펴볼 수업은 신상도초 6학년의 한 교실에서 진행된 음악 수

• 그림 3-11 **종이에 인쇄된 악기를 오리고 붙여 배치해보는 과정**

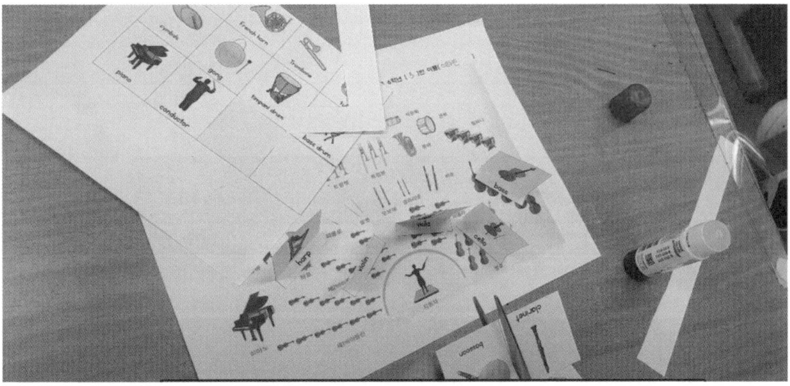

업이며 '관현악기의 음색을 구별하며 음악을 감상'하는 것을 목표로 한다. 이 목표를 달성하기 위해 '나도 멋진 지휘자 되기'로 주제를 삼았는데 이 프로젝트는 아날로그적 요소와 디지털 요소가 적절하게 혼합되어 있는 점이 매우 흥미롭다.

학생들은 먼저 '퍼셀의 주제에 의한 변주곡과 푸가'를 듣는다. 이후 다음 수업에서는 오케스트라 배치도를 만들어 본다. 학습지에 인쇄된 악기들을 오리고 풀을 사용하여 지휘자를 중심으로 현악기, 목관악기, 금관악기, 타악기 순서로 악기를 배치한다. 이 지점까지는 인공지능의 모습을 찾아보기는 힘들다.

세 번째 시간에 드디어 인공지능이 등장한다. 세미컨덕터(semi-conductor)를 활용하여 AI 오케스트라 지휘 활동을 한다. 해당 인공지능은 사용자가 손으로 지휘 도형을 그릴 때 손동작을 인식한다. 예를 들어, 바이올린을 선택한 경우 지휘 동작이 작으면 작은 바이올린 합주 소리가 나오고, 움직임이 빨라지면 그에 따라 연주 속도가 빨라진다. 교사는 이 과정에서 손을 들고 자원한 몇몇 학생에게 지휘하는 경험을 제공하며 제스처를 어떻게 해야 하는지를 지도한다(위로 아래로, 빠르게 천천히, 밖에서 안으로, 안에서 밖으로). 다른 학생들은 이 과정을 관찰하게 된다. 그 이후에는 모둠별로 세미컨덕터를 실행하여 지휘 활동을 체험한다.

• 그림 3-12 **지휘 도형을 그리며 세미컨덕터를 먼저 사용해보는 학생**

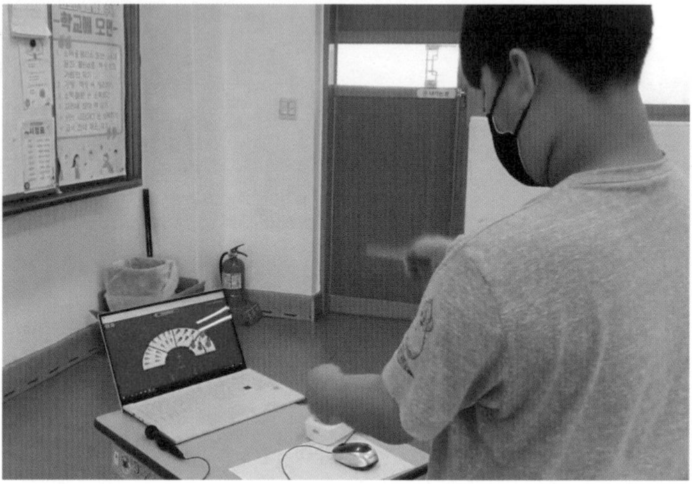

이 수업 프로젝트는 인공지능을 활용하여 학생에게 음악 감상을 넘어 지휘를 통해 음악을 연주하는 경험을 제공한다는 강점을 갖는다. 또한 아날로그적 수업 요소와 디지털 수업 요소가 적절하게 혼합되어 학습자가 다양한 매체를 다룰 수 있다는 측면도 매력적으로 보인다.

인공지능과 과학교육

이 프로젝트에서는 '여러 가지 동물을 관찰하여 특징에 따라 동물을 분류할 수 있다'는 교육과정의 성취기준을 도달하고자 한다. 신상도초등학교 3학년 학생들이 구글의 '티처블 머신'(teachable machine)을 활용하여 동물을 분류하는 인공지능을 만들어본다. 여기서 '티처블 머신'이란 코딩에 대한 전문성 없이도 머신러닝 모델을 만들어 낼 수 있는 교육용 프로그램이다. 이 프로그램은 사진, 소리 혹은 동작을 인식할 수 있기 때문에 이를 데이터로 활용하여 컴퓨터를 훈련시키고 사용자가 의도한 대로 지적활동(知的活動)을 하게 할 수 있다. 예를 들어, 티처블 머신에 사람과 동물 사진을 입력시켜서 이 둘을 구별하거나 기타와 바이올린 소리를 들려주고 기타와 바이올린 소리를 다르게 표시할 수 있다. 이 프로그램은 로그인 없이도 이용할 수 있는데 이는 아이디를 기억하거나 패스워드를 설정하는 등 초등학생에게 조금 어려울 수 있는 절차를 생략할 수 있어 유용하다.

이제 프로젝트를 차근차근 살펴보자. 이 프로젝트는 온라인 수업 상황에서 인공지능을 학습시킬 데이터를 협력하여 수집하는 것으로 시작된다. 교사는 우선 1학기에 학습한 '분류'의 핵심 포인트를 상기시켜준다. 그것은 바로 '객관성'이다. '누가 보아도 똑같이 분류할 수 있어야 함'을 강조한다. '무서운 동물을 기준으로 분류하면 되는지' 묻는 발문에는 학생들이 사람에 따라 무서운 동물이 다를 수 있음을 이야기한다. 이후 교사는 인공지능을 사용하기 위해서는 먼저 인공지능을 가르쳐줘야 한다고 설명하며, '머신러닝'의 개념을 소개한다.

이어서 교사는 '좋은 말'과 '나쁜 말'을 구분하는 인공지능을 만들 때 많은 데이터를 수집했던 수업을 상기시킨다. 학생들은 협력하여 패들렛(padlet)이라는 온라인 게시 공간에 개미, 개구리, 거미 등 다양한 동물들의 사진 자료를 수집한다. 모둠원 여러 명이 동시에 자료를 수집해서 짧은 시간에 비교적 많은 데이터를 모을 수 있었다.

• **그림 3-13 온라인 수업 공간에서 수업을 진행하고 있는 모습**

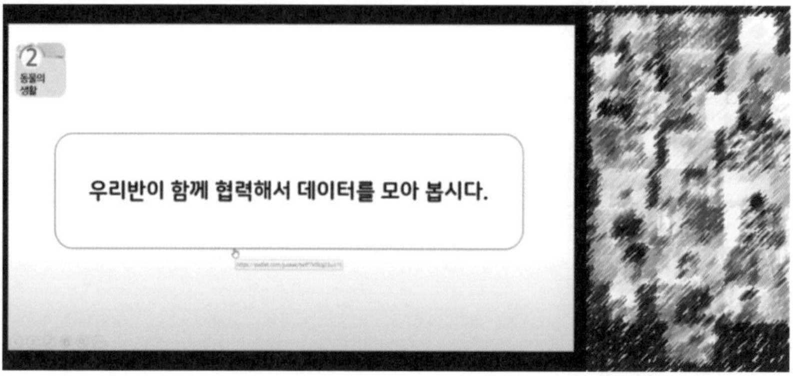

다음 수업은 교실에서 진행되었다. 지난 시간 패들렛이라는 온라인 소통 공간에 모았던 동물 사진 데이터를 활용하여 인공지능 프로그램을 만들어본다. 수업활동은 크게 4개로 설정되어 있다. 가장 먼저 모둠 친구들과 함께 동물을 나눌 수 있는 기준을 토의해본다. 두 번째로는 학생들이 기준에 따라 동물을 분류해본다. 세 번째 활동에서는 학생들이 함께 분류한 결과를 티처블 머신에 입력한다. 마지막으로 훈련시킨 인공지능에 동물 사진을 입력하고 이를 AI가 자동으로 분류할 수 있는지 확인하며 친구들 앞에서 발표한다.

조금 더 자세하게 수업을 들여다보자. 교사는 먼저 훈련이 끝난 인공지능의 작동 모습을 보여주었다. 교사는 물고기 사진 하나를 사진 입력 칸에 넣었고, 인공지능이 '발이 없는 동물'이라고 분류하는 모습을 보여주었다. 그리고 교사는 인공지능이 잘 훈련되었는지를 아이들에게 물었다. 이 일련의 행동은 학생들이 어떤 결과물을 만들어야 하는지를 보여준다는 의미가 있다. 학생들이 올바르게 수행했을 때 어떤 결과가 나와야 하는지 사전에 알고 활동할 수 있어 효과적이다.

다음으로 교사는 다양한 동물의 사진을 티처블 머신에 입력하는 과정을 보여주었고 학생들은 이 과정을 주의 깊게 관찰했다. 아래 사진에서 많은 학생들이 더 잘 보려고 일어서 있는 모습을 확인할 수 있다. 학생들의 학습 흥미도가 매우 높아 보인다.

• 그림 3-14 **화면을 더 잘 보기 위해 자리에서 일어난 학생들**

이후 학생들은 모둠 친구들과 협의를 통해 날개, 꼬리, 털의 여부 등 창의적인 기준을 만들어냈다. 이어서 다양한 동물들을 만든 기준에 따라 분류하고, 컴퓨터에 사진 데이터를 저장했다. 그리고 다양한 자료를 티처블 머신에 입력하며 인공지능을 훈련시키기 시작했다. 이 과정에서 학생들은 역할을 자연스럽게 나누었다. 어떤 학생은 티처블 머신에 사진을 기준에 따라 입력하는 역할을 맡고, 다른 학생은 이 과정이 의도한 대로 이뤄지는지 관찰했으며, 다른 학생은 이 과정을 발표 대본으로 만들기도 하였다.

•그림 3-15 조사한 내용을 바탕으로 발표 대본을 준비하는 학생

마지막으로 학생들은 자신들이 훈련시킨 인공지능을 반 친구들 앞에서 시연했다. 이 시연 과정 중에 오류가 발생하기도 했다. 인공지능이 설정한 기준에 따라 분류하지 못하고 오작동을 한 것이다. 이에 대해 수업 교사는 인공지능을 학습시켰던 데이터의 양을 들어 훈련시키는 이미지의 수가 많아질수록 더 정확한 티처블 머신을 만들 수 있음을 알려주었다. 이는 '인공지능 자체가 처음부터 그것 스스로 완벽하다'는 오개념을 바로잡아줄 수 있으며 '인간의 노력에 따라 인공지능이 변할 수 있다'는 '인간과 기계의 상호작용'을 지도할 수 있다는 의미를 갖는다.

교육과정에 기술되었듯 '동물'이라는 소재 자체는 학생의 호기심과 흥미의 대상이다. 여기에 더해 티처블 머신으로 인공지능을 직접 만들어보는 경험도 아이들의 흥미를 불러일으킨다. 수업 소재와 활동 이외에 교사의 역량도 빛났다. 학생의 이해를 돕는 적절한 피드백, 맡은 역할을 바탕으로 서로 협동하며 배우는 협력적 교수 방법 적용, 그리고

• 그림 3-16 모둠에서 만든 인공지능을 소개하는 학생

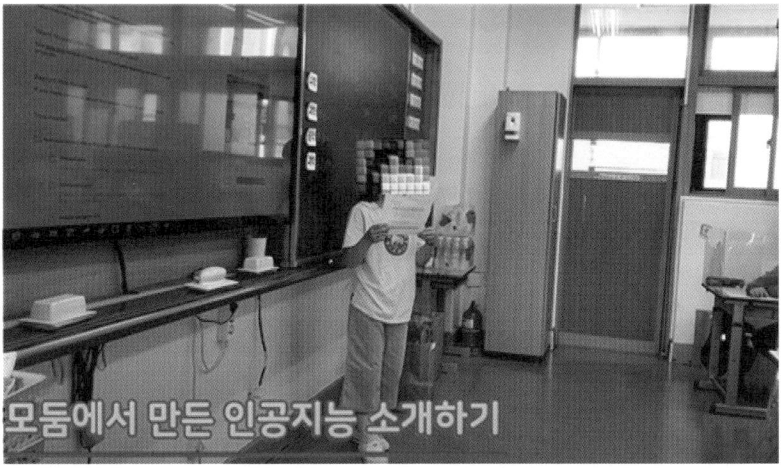

학급 전체를 대상으로 하는 발표 및 반성 기회를 제공한 것이 바로 그 예이다.

인공지능과 체육교육

인공지능이 체육에 어떻게 적용될 수 있을까? 체육시간에 많이 했던 달리기나 피구 혹은 축구 등을 떠올린다면 쉽게 상상되지 않을 수 있다. 사실, 체육에는 건강, 도전, 경쟁, 표현 등과 같은 다양한 영역이 존재한다. 특히 강강술래나 발레 혹은 현대무용도 엄연히 체육의 한 분야이다. 체육 교과에서는 이를 '표현' 영역으로 부르는데 사람의 생각이나 느낌을 표현하고 움직임을 감상하기도 하며 움직임을 창작하는 것을 포함한다. 지금부터 살펴볼 체육 수업은 특정 동작을 모방하고 이를 바탕으로 새로운 움직임을 창작하는 과정에서 인공지능을 활용하였다.

• 그림 3-17 **스파키에 업로드된 동영상 자료**

이 수업은 신상도초등학교 3학년 교실에서 진행되었다. AI 교육도구인 스파키(Sparky)를 활용했다. 스파키는 동작인식 인공지능 기술을 활용한 인공지능 교육도구이다. 카메라로 찍은 영상을 쉽게 공유할 수 있고, 다른 사람들의 움직임을 따라 했을 때, 어느 정도 움직임이 일치하는지를 숫자로 표시해준다. 이 인공지능을 활용해 학생들이 움직임을 주의 깊게 관찰하는 기회를 줌과 동시에 움직임을 따라 하고 만들어내는 경험을 게임처럼 만들어 한결 더 다가가기 쉽게 한 점이 인상적이었다.

이 수업은 내가 우리별(즉, 지구)이 되어 내 주변에 있는 달이나 여러 행성과의 관계를 생각하며 그 관계를 움직임으로 표현하는 것을 목표로 했다. 수업 내용을 목표만으로 떠올리기는 조금 어려울 수 있다. 이제 구체적인 수업활동들을 살펴보자.

먼저 이 수업은 예전에 있었던 흥미로운 경험이나 앞으로 경험해보고 싶은 동작에 대해 이야기하며 시작한다. 학생들이 그동안의 경험을 이야기하는 동안 교사는 자연스럽게 스파키로 화제를 전환한다. 이후에 학생들은 기존에 만들어진 영상을 따라해 보며 스파키를 익혀보았다.

• 그림 3-18 **스파키에 업로드된 친구들의 영상을 따라하고 익혀보는 모습**

다음 활동으로 '우리별의 움직임'을 모둠별로 만들어보았다. 학생들은 자유롭게 '우리별'의 모습을 표현하고 이를 촬영했다. 또한 촬영한 영상을 앞의 그림처럼 업로드하여 반 전체가 공유했다. 스파키의 장점은 이후 수업장면에서 두드러지게 나타났다. 모둠별로 업로드된 영상을 보고 다른 모둠의 친구들이 동작을 따라 하면, AI가 동작을 인식하여 얼마나 정확하게 따라했는지를 평가하여 점수를 주었기 때문이다. 학생들은 이 과정을 게임으로 받아들이고 더 나은 점수를 받기 위해 확실한 동기부여를 받을 수 있었다.

보통 시범 수업은 동작을 보고 따라 하는 것에서 끝나는 경우가 많다. 그러나 이 수업에서는 자신의 동작을 화면으로 확인하고, 시범 영상과 비교하여 바로 피드백 받을 수 있었다. 무엇보다 화면에 친구들의 모습이 나온다는 점이 수업에 빠져들게 하는 좋은 도구가 되었다.

동작인식 인공지능은 표현 영역 외 여러 분야에도 활용 가능할 것이다. 테니스의 스트로크(Stroke) 동작을 생각해보자. 전문선수의 동작 영상을 사전 준비하고 그 영상을 공유하면 학생들은 자연스럽게 동작을 따라해 보며 실시간으로 피드백 받을 것이다. 교사가 스윙 동작을 끝까지 하는 것이 중요하다고 여러 차례 강조하는 것보다 훨씬 편리하고 효과적이지 않을까 생각해본다.

지금까지 세 개의 사례를 통해 인공지능이 어떻게 우리나라 교육 현장에 적용되고 있는지를 살펴보았다. 다음으로 교육 선진국으로 일컬어지는 핀란드의 인공지능 교육 사례를 살펴보자.

핀란드 초등학교 수업현장

티처블 머신으로 앱 개발하기

이번에는 핀란드의 인공지능 교육 사례를 한 논문(바르티아이넨 외 6명)을 통해 살펴보자. 이 논문은 동부 핀란드 대학교(University of Eastern Finalnd)의 교육학부와 컴퓨터학부가 협업한 연구 결과물이다. 연구진은 핀란드의 6학년 두 개반(총 34명)을 대상으로 이전에 소개된 티처블 머신을 활용해 실생활의 문제를 해결하는 경험을 제공했다. 특히 교육과 컴퓨터 분야의 전문가 협업을 통해 인공지능 디자이너이자 애플리케이션 개발자가 되어보는 기회를 초등학교 학생에게 제공했다는 점이 인상적이다.

조금 더 자세히 프로젝트를 들여다보자. 프로젝트는 총 세 번의 워크숍(구상→개발→반성)으로 구성되었다. 프로젝트 시작에 앞서 학생들은 인공지능에 대해 알고 있는 대로 그림을 그리거나 글을 써오도록 과제를 받는다. 또 '어떻게 컴퓨터를 가르쳐 줄 수 있을지' 생각을 해오는 것도 과제에 포함되었다. 이 과정에서 연구진은 학생들에게 정답과 오답이 없다는 것을 강조했다. 마지막 워크숍이 끝난 후에도 동일한 과제를 내줘서 학생들의 생각이 어떻게 변화했는지도 알아보았다.

첫 번째 워크숍은 전체 프로젝트의 '구상' 단계이다. 머신러닝이라는 추상적인 개념을 학생들의 일상으로 불러오는 데 중점을 두었다. 이 워크숍은 기초 강의와 프로젝트 소개로 시작된다. 먼저 학생들은 머신러닝의 핵심적인 개념, 머신러닝이 적용된 사례들을 알아보고, 또 이런 사례들이 어떻게 생활 전반에 녹아들어 있는지를 살펴보았다. 다음으로는 목표가 소개되었다. 연구진은 이 프로젝트에서 전문가와 함께 머신러닝을 활용해 실생활 문제를 해결할 것이라고 안내했다. 그다음 학생들은 4~5명씩 모여 게임, 프로그램, 애플리케이션 등 기계가 학습할 수 있는 다양한 상황에 대해 토의했다. 또 연구진은 학생들에게 쓰기 활동을 제안했다. 머신러닝과 조우한 경험을 떠올려 어떤 정보가 수집되었는지, 그 정보가 어떻게 수집되고 사용되었는지 등과 연관 지어 쓸 수 있도록 안내했다. 이후에는 학생들이 티처블 머신과 연구진이 개발한 기초적인 머신러닝 애플리케이션을 자유롭게 이용하며 머신러닝을 체험하고 익숙해지도록 했다. 워크숍 마지막에는 머신러닝으로 해결할 수 있는 일상생활 문제를 찾아오는 과제를 내주었다. 학생들이 충분한 시간을 두고 브레인스토밍하며 다양한 디자인 아이디어를 찾아오는 데 의의가 있었다.

핀란드 학생들은 어떤 아이디어를 생각해왔을까? 몇 가지를 살펴보자. 어떤 학생은 고양이를 인식하고 고양이가 내는 소리를 듣고 먹이를 주는 인공지능, 숙제를 촬영하면 자동으로 틀린 항목과 정답을 보여주는 인공지능, 특정 동작을 인식해서 문을 열어주는 도어락 시스템, 인스타그램이나 스냅챗 같은 소셜 미디어 계정의 보안을 강화하도록 음성 및 얼굴인식을 해주는 인공지능, 심지어는 색을 인식하지 못하는 장애인들을 위한 색깔 감지 인공지능, 야생에서 먹어도 되는 과일과 버섯을 알려주는 인공지능까지 학생들의 아이디어 범주는 정말 다양하다. 이제 두 번째 워크숍에서 이러한 아이디어들이 어떻게 발전되었는지 살펴보자.

두 번째 워크숍은 본격적인 '개발' 단계이다. 워크숍이 시작되기 전, 컴퓨터 과학 연구자들은 학생들이 제출한 아이디어 중 계획된 시간 안에 실현 가능성이 높은 9개의 아이디어를 선정했다. 그리고 학생들은 9개의 선택지 안에서 자신의 흥미에 부합하는 아이디어를 각자 선택했고, 이후 총 9개의 소규모 그룹이 만들어졌다. 9개의 선택지는 다음과 같다.

- 그룹 1이 제안한 인공지능: 색맹을 위한 색깔 표시를 해주는 인공지능
- 그룹 2가 제안한 인공지능: 슬프면 위로를 해주고, 지루해하면 할 일을 알려주는 등 감정을 읽고 그에 알맞은 대응을 해주는 인공지능
- 그룹 3이 제안한 인공지능: 야생에서 버섯이나 베리류를 채집할 때, 어떤 것이 안전한지 그렇지 않은지 알려주는 인공지능
- 그룹 4가 제안한 인공지능: 글쓰기 숙제를 촬영하면, 맞춤법이나 오류 등을 수정해주는 인공지능
- 그룹 5가 제안한 인공지능: 수학의 계산식을 촬영하면, 우선 읽기 좋게 쓰도록 알려주고, 글씨를 잘 쓰면 계산식이 맞았는지 틀렸는지를 알려주는 인공지능
- 그룹 6이 제안한 인공지능: 계산식을 사진으로 촬영하면 계산 결과를 알려주는 인공지능
- 그룹 7이 제안한 인공지능: 선생님이 교실을 나가 있을 때 누가 이야기했고, 얼마나 많이 이야기했는지 알려주는 인공지능
- 그룹 8이 제안한 인공지능: 다양한 악기를 구분하고, 여러 악기의 코드까지 구별해 낼 수 있는 인공지능

• 그림 3-19 **소리, 자세, 이미지 자료를 가지고 기계학습을 시킬 데이터를 만들어내는 과정**

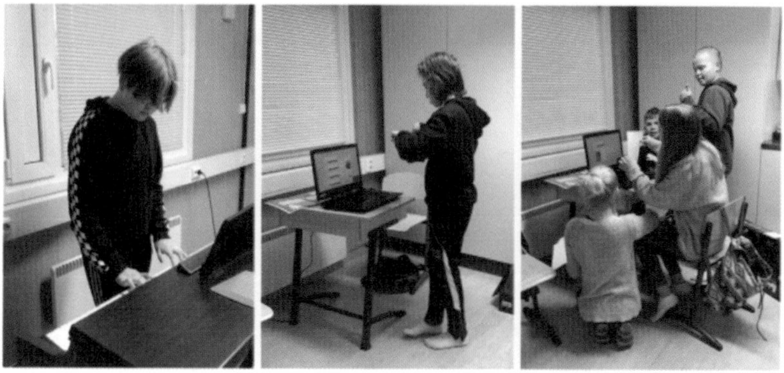

Fig. 1. Creating training datasets for ML applications (sound, pose, image).

출처: 바르티아이넨 외 6명(2021)

• 그룹 9가 제안한 인공지능: 사람의 감정을 얼굴 표정을 통해서 알아차리는 문(door)

각각의 그룹에 속한 학생들은 해당 아이디어를 계속해서 정교하게 개발하는 과업을 진행했다. 연구자들은 최초의 아이디어를 더욱 발전시키기 위해 다음 네 질문에 대해 협의해보도록 유도했다.

1. 개발할 애플리케이션이 무엇을 할 것인가?
2. 어디서, 어떤 종류의 데이터(이미지, 소리, 자세)를 수집할 것인가?
3. 몇 가지 범주를 만들 것인가?
4. 배경소음 등 데이터 수집에 영향을 주는 요인과 관련해서 어떤 조건에서 데이터를 제공할 것인가?

• 그림 3-20 "Vahturi"(감시자) 인공지능 애플리케이션의 인터페이스 화면: 선생님이 없을 때 누가 떠들었는지 목소리를 인식해서 화면에 표시해준다.

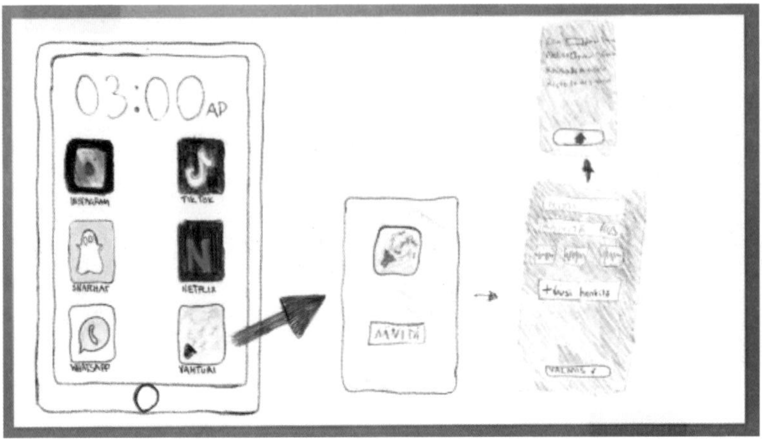

Fig. 5. Interface design of the "Vahturi" ("watchman").

출처: 바르티아이넨 외 6명(2021)

다음으로 아이들은 컴퓨터 과학 전문가들과 그룹별로 협의를 하며 아이디어를 더욱 발전시켰다. 협의 중에는 당연히 학생들이 실시간으로 질문하고 요청하는 것들에 대해 도움도 주었다. 이 워크숍에서는 학생들의 활발한 개발작업이 진행되었다. 학생들은 자신들의 아이디어에 따라 악기를 녹음하기도 하고, 이미지를 찾거나 만들고, 동작을 인식하도록 인공지능에 데이터를 입력하기도 했다.

두 번째 워크숍의 마지막 활동으로는 학생들이 인공지능 애플리케이션의 인터페이스를 시각적으로 디자인했다. 그리고 디자인한 것을 바탕으로 모바일 기기에서 사용하기 편리한 애플리케이션을 연구진이 개발해주었다.

마지막 워크숍은 '시연 및 반성' 단계이다. 연구자들이 애플리케이션을 개발하는 과정을 설명해주고 학생들이 디자인하고 계획한 것에 대

• 발표에 앞서 시험 실연하고 있는 모습. 모두 무척 진지하게 수업에 참여하고 있음을 알 수 있다.

출처: 바르티아이넨 외 6명(2021)

해 피드백을 제공했다. 그 후에는 그들이 만들어 낸 애플리케이션의 인터넷 주소를 받고 발표에 앞서 시험 실연을 해본다. 그리고 각 그룹별로 친구들과 선생님들에게 결과물을 발표했다. 그리고 며칠이 지난 후에 다시 한번 인공지능에 대해 아는 것을 글이나 그림으로 표현하는 과업 후 과제를 제출하도록 한다.

연구진은 학생들의 글과 그림을 토대로 초반부와 후반부를 비교한 후 학생들이 머신러닝에 대한 이해도가 더 발달되었다고 말한다. 이 논문에서는 인공지능을 학습시키는 과정 중에 발생했던 여러 난관을 극복해가는 과정 중에 학생들은 그 대처 방법을 깨닫게 되며 데이터 양의 중요성, 확률(confidence)에 대한 개념 등 머신러닝과의 의사소통능력을 키우게 되었다고 보고한다.

이 프로젝트는 미국의 교육철학자 존 듀이가 강조했던 '실천'중심의 교육철학과도 맞닿아 있다. 학생들이 실생활에 적용 가능한 기계학습을 찾아보고 개발하면서 이 추상적인 개념을 이해하는 데 체험이 큰 도움을 주었고 인공지능의 작동원리와 역할을 알게 되었다. 연구진들도 지적하듯, 기존 초중등 교육은 스크래치나 엔트리처럼 규칙 바탕 프로그래밍(rule-based programming)이 주류를 이루고 있었다는 한계가 있다. 분명히 규칙 바탕 프로그래밍은 학생들의 논리적 사고력을 키워주고 컴퓨터 프로그래밍의 보편적인 문법을 배운다는 강점이 있다. 그러나, 머신러닝은 이제 컴퓨터 공학 지식의 중심이며, 일상생활의 일부가 되어가고 있다. 특히 아이들은 데이터 중심 사회에서 살아갈 학생들이기 때문에 데이터를 통해 작동하는 기계와의 소통 경험을 늘려주는 것이 중요하다. 우리나라에서는 이렇게 대학교 연구자들과 현장 교사들이 협업해서 수업을 진행하는 경우는 드물다. 이런 방식의 협력은 많은 국내 대학교의 존립 위기가 사회적 이슈가 되고 있는 상황에서 대학의 유지 및 발전에 시사하는 바가 있다.

지금까지 한국의 인공지능 교육 현장과 외국의 인공지능 교육 현장을 비교해서 살펴보았다. 세부적으로 보면 몇 가지 차이가 존재하지만, 큰 틀에서 생각하면 교육과정에 인공지능의 작동원리나 기능을 수업에 녹여내어 학생들의 인공지능 소양을 길러줬다는 공통점이 있다. 현재 교육과정 내에서 인공지능을 효과적으로 적용하여 인공지능 소양을 길러주고 의사소통능력, 창의력, 비판적 사고력과 같은 미래 핵심 역량을 키워주는 것이 앞으로 교육 현장에서 고민하며 헤쳐가야 할 과제이다.

Chapter 4

AI 교육의 현재와 미래

Chapter 4

AI 교육의 현재와 미래

임세범 선생님 인터뷰

'인공지능을 활용한 교육 중심으로'

Question 1 – 인공지능 교육의 시작

이유석: 인공지능 교육을 몇 년 정도 하신 것 같습니까?

임세범: 본격적으로 교육을 한 것은 2년 전부터라고 할 수 있겠네요. 2016년도 성동광진 소프트웨어 선도교원으로 활동하였지요. 그 당시에는 인공지능 교육이라는 말은 그다지 사용되지 않았습니다. 2019년부터 인공지능 교육이 본격적으로 들어오기 시작했던 것 같습니다.

이세진: 인공지능 교육이 굉장히 뜨거운 관심을 받고 있어서 꽤 오랫동안 진행된 것 같은데 공교육에서 시작된 지 이제 겨우 2년 정도 되었다고 하니 조금 놀랍네요.

Question 2 – 인공지능 활용 교육의 대표적인 사례

이유석: 2년 동안 진행하신 인공지능 활용 교육 사례 중 대표적인 것을 소개해 주세요.

임세범: 클래스팅 AI가 가장 대표적입니다. 문제를 틀려도, 무제한으로 도전이 가능하다 보니 많이 활용하여 아이들과 수업을 하고 있습니다. 다음으로 칸 아카데미도[1] 작년에 적용을 해보았는데 한국 것이 아니어서 어색함이 있었습니다.

이세진: 저도 칸 아카데미로 직육면체를 가르쳐보려고 시도한 적이 있습니다. 연관되는 개념이 나오는 순서가 우리나라 교육과정과는 조금 다르더군요. 입체도형을 배우는 중에 갑자기 부피 계산이 나오고요.

임세범: 네, 작년에는 수학 지도에서 인공지능 활용의 80%를 칸 아카데미로 했는데, 진단평가까지는 유용했습니다. 3월에 6학년 학생을 대상으로 3개 학년(3~5학년) 내용을 4일 동안 정밀 진단했습니다. 그런데 도형 단원에 오니까 순서가 우리나라 교육과정의 순서와 많이 차이가 나더라고요. 무엇보다 성취기준이 달랐습니다. 또한 문제에 달러나 센트 등 미국 화폐가 나오거나 미국의 여러 장소, 갤런이나 피트 같은 생소한 측정 단위가 언급되기도 하죠. 그래서 해당 수학 단원과 차시에서 알고자 하는 것에 집중하기가 어려웠어요.

이세진: 아이들이 외국 문화에 노출될 수 있다는 장점이 있긴 하겠지요. 그러나 수업 목표에 도달하는 데 시간과 노력이 더 드는 건 분명하겠어요.

이유석: 인공지능 교육 강사활동을 하시면 주변 선생님께도 좋은 영향을 주실 것 같습니다. 선생님 학급이 아닌 동학년 다른 학급에서도 인공지능 시

---

1) 매사추세츠 공과대학교(MIT) 출신 살만 칸(Sal Khan)이 설립한 비영리 교육 단체로서 2008년도에 설립되었다. 수학, 과학, 경제학, 인문학, 소프트웨어 등을 무료로 배울 수 있는 온라인 교육 플랫폼이다.

스템을 많이 활용하고 있나요?

임세범: 확실히 작년(2020년)보다는 올해(2021년) 많이 활용을 하는 것 같습니다.

이유석: 인공지능 시스템을 더 많이 활용한다고 말씀하셨는데 작년과 올해의 큰 차이는 무엇일까요?

임세범: 올해는 교실에 스마트 기기가 더 많이 보급되었습니다. 이게 가장 큰 차이이지요. 교실에 아이들이 편하게 사용할 수 있는 기기를 제공해주니 클래스팅 AI에 쉽게 접근하여 제공되는 문제들을 활용해서 교육과정과 밀접하게 연관시킬 수 있었습니다.

Question 3 – 인공지능 활용 교육에서 교사의 역할

이세진: 인프라의 중요성이 새삼 느껴지는군요. 기기 제공 이외에 또 무엇이 필요하다고 보시나요?

임세범: 학생이 인공지능 시스템을 활용하여 학습을 할 때 선생님의 역할이 중요합니다.

이유석: 인공지능이라고 하면 자기주도적 학습이 가능하다고 흔히 이야기하죠. 학생 스스로 공부할 수 있으니까 선생님의 역할이 줄어들 것 같은데 예상 밖의 답변입니다.

임세범: 인공지능을 활용해서 개별학습을 한다고 선생님이 필요하지 않은 것은 아닙니다. 최소한 우리 반 아이들은 제가 격려를 해줬을 때 제대로 학습을 합니다. 자발적으로 하는 학생은 드물어요. 격려를 해줬을 때와 안 해줬을 때의 차이가 크더라고요.

이세진: 칭찬의 효과를 말씀하시는 건가요?

임세범: 칭찬을 해주면 아이들은 신이 나서 더 열심히 합니다. 그러지 않으면 금세 잊어버려요. 특히 학습이 느린 학생들은 교사가 옆에 있는 것만으

로 학습에 큰 도움이 됩니다.

Question 4 – 인공지능 시스템의 활용과 효과에 대하여 (부드러운 피드백)

이유석: 인공지능 시스템 이야기에 대해 더 얘기해보았으면 좋겠습니다. 선생님이 적용하신 클래스팅 AI와 칸 아카데미의 차이는 무엇인가요?

임세범: 결정적인 것은 '학생에게 맞게 문제 수준을 조정해주는가?'에 있습니다. 클래스팅은 학생이 특정 문제들을 많이 틀리면 난이도를 즉각적으로 조정하고, 코스를 다르게 해줘요. 이 모든 게 가능한 이유는 다양한 수준의 문제들이 클래스팅 AI 데이터베이스에 탑재되어 있기 때문입니다. 개별화 교육을 하기 좋아지는 것이지요.

이세진: 고유한 알고리즘으로 문제를 추천해주는 클래스팅 AI는 기존에 활용되지 않고 사장되었던 문제들까지 활용될 수 있다는 장점도 있겠네요. 또한 인공지능이 데이터베이스를 가지고 문제마다 분석을 해주니까 학생들이 문제를 풀어내면서 문제별로 난이도가 끊임없이 최신화되는 등 선순환도 가능할 것 같습니다.

이유석: 그렇게도 생각해볼 수 있겠군요. 이건 개발자 입장에서도 분명 긍정적으로 받아들일 것 같습니다. 다음 질문으로 넘어가 보죠. 그럼 클래스팅 AI에서 가장 특징적인 인공지능 기법은 무엇일까요?

임세범: 머신러닝입니다. 문제의 난이도를 분류해서 학생 수준에 맞는 '맞춤식 문제 배정'을 합니다. 머신러닝을 통해 그런 분석과정과 맞춤형 문제 제공이 이루어지지요. 또한 개별 학생이 접속하여 학습한 시간이 나타나서, 교실에서 확인하지 못한 부분까지 교사가 인지하고 이에 대해 점검해줄 수 있다는 이점이 있습니다.

이세진: 머신러닝 기법이 어떻게 보면 개별화 교육을 가능하게 하는 핵심 인공

지능 요소라고 보면 되겠군요.

임세범: 네, 그렇게 생각해도 큰 무리가 없을 것 같네요. 그리고 저는 무제한 도전이 가능한 점 때문에 클래스팅 AI를 특히 선호했습니다. 제 경험상 학생들은 문제에 포함된 수학 원리나 개념 설명에는 크게 흥미를 못 느끼고, 잘 집중하지 못 하더라고요. 오히려 문제를 먼저 풀고, 틀리면 또 다시 풀고 하는 과정에서 개념을 익히고, 학습이 이루어지는 것을 자주 관찰했습니다.

이세진: 문제를 일단 풀어보고 틀리면 그냥 다시 풀면 되니까요. 다시 도전해보는 과정이 무제한으로 제공되는 점은 강력한 장점이네요. '또 틀렸다', '왜 틀렸냐', '조금 더 조심하지' 등 이런 잔소리를 할 필요가 없고, 또 들을 필요도 없으니 교사와 학생 모두에게 이득이겠어요.

임세범: 저는 그것을 인공지능의 '부드러운 피드백'이라고 이야기하곤 합니다.

이유석: 인공지능은 보통 차갑고 딱딱한 기계의 이미지를 갖고 있는데 이와 대조되는 감성적인 효과네요.

이세진: 어떻게 보면 학생들이 연역적이기보다 귀납적으로 학습을 하려는 경향이 있다고도 이야기할 수 있겠네요. 개념을 먼저 배우고 문제를 푸는 것이 아니라, 풀면서, 틀리면서 배워가니까요.

임세범: 네, 제가 본 학생들은 영상을 보면서 학습을 하기보다 문제를 좋아하고, 문제 해결 과정에서 시행착오를 통해 배우게 되더라고요. 인공지능이 즉각적인 피드백을 해주는 것이지요.

이유석: 인쇄된 책 문제집과 전적으로 다른 점이 되겠네요. 문제집은 한 단원에 출제된 문제 유형과 도전 횟수가 제한되어 무제한 도전이 불가능하죠.

이세진: 인공지능 시스템의 강점을 확실히 알 수 있었습니다. 칸 아카데미는 클래스팅 AI와 어떤 차이가 있었나요?

임세범: 칸 아카데미는 적용하는 데 어려움이 있었습니다. 미국에서 만든 시스템이다 보니 칸 아카데미 플랫폼의 문제가 미국식이었어요. 예를 들어

6학년 수학에서 배우는 개념인 비례식 자체도 어려운데다가 개념 설명에 사용되는 측정 단위까지 미국식으로 나오니 학생들이 더 어렵게 느꼈습니다. 결국 어떤 플랫폼을 선정할 것인가는 매우 중요한 문제가 됩니다. 다만 이 문제는 플랫폼에 대한 이해가 필요하기 때문에 시행착오는 필수적이지요.

이세진: 시행착오를 거쳤던 교사들이 다른 선생님들에게도 공유하고 안내해주는 것이 정말 중요하겠네요.

이유석: 네, 새로운 플랫폼의 도입에는 검증 절차가 꼭 필요할 것 같습니다. 앞서 말씀하신 '부드러운 피드백' 효과 외에 인공지능을 적용했을 때 보셨던 교육적 효과에 대해서도 듣고 싶습니다.

임세범: 자기주도적 학습, 개별화 학습이 가장 대표적인 키워드라고 볼 수 있을 것 같습니다. 선생님들도 아시겠지만 학생들이 자발적으로 학습하기는 쉽지 않지요. 그러나 인공지능 시스템을 활용하여 학생이 학습한 이후의 결과에 대해 선생님이 피드백해주면 달라집니다.

이세진: 교사와 인공지능의 협업이 중요하다는 말씀으로 들리네요.

임세범: 네. 그 협업을 통해 시너지가 발생하게 되는 것을 종종 봅니다. 제가 숙제로 32문제를 풀게 했는데 학생은 수행하다가 탄력을 받아서 80문제를 풀게 됩니다. 그리고 인공지능을 사용하면 교사의 역할을 덜어줍니다. 선생님이 문제를 출제하고 채점하는 시간을 절약할 수 있게 해주지요.

이유석: 학생은 공부를 더 할 수 있어서 좋고, 교사는 부가적으로 소요되는 시간이 줄어서 좋으니 도랑 치고 가재 잡는 효과네요. 마지막으로 언급하고 싶으신 인공지능 효과도 있을까요?

임세범: 효율적인 진단도 가능합니다. 기존에 하듯이 20문제를 아이들에게 풀게 하면 일찍 해결한 아이들은 하염없이 기다려야 하지요. 교사는 이후에 채점을 하는 데에도 한참 걸립니다. 표로 옮겨서 기록해야 하는 작

업도 번거롭지요.

이유석: 그건 아마 전 세계 교사들이 공감할 것 같네요. 저도 아이들이 "선생님 언제 결과 나와요?' 하면 오늘은 바빠서 못하고 다음에 알려준다고 안내했던 기억이 있네요.

이세진: 저도 종종 그러고 있어서 부끄럽네요.

임세범: 학기 초나 단원 학습을 시작하기 전에 20문제 정도로 진단하는 것은 사실 참고사항에 지나지 않아요. 학생들이 알면서 틀리는 경우도 있고, 해당 학년과 직접적인 연관이 없는 내용이 나오면 당황해서 틀리는 경우도 있지요. 수나 도형 등 서로 다른 영역이 고르게 출제되었다는 보장도 없고요.

이유석: 20문제로 학생의 수준을 완벽하게 진단하기 어렵다는 말씀에 공감합니다. 때에 따라서 진단평가를 여러 번 봐야 되는 경우도 있어요.

임세범: 네, 누적된 학습 결손으로 배움이 느린 학생은 진단이 특히 어렵습니다. 그런 학생들을 제대로 평가하기 위해서는 진단평가를 계속해서 봐야 하지요. 어디서부터 누적이 되어있는지를 알아야 하니까요. 인공지능 시스템이 이런 어려운 부분을 해결해주는 해결책이 될 수 있습니다. AI를 이용하면 진단평가를 사실상 무제한 반복해서 볼 수 있으니까요. 회차마다 문제를 모두 다르게 할 수도 있고요. 학생도 선생님에게 혼나는 과정이 없으니, 신나서 계속하게 됩니다.

이세진: 저는 교사가 학생들을 이해하는 통로가 하나 더 늘어난다는 점을 꼽고 싶습니다.

이유석: 조금만 더 자세히 얘기해주세요.

이세진: 클래스팅 AI에 들어가면 학생들이 공부한 시간이랑 학습 진도 같은 사항이 표시가 돼요. 그런데 가끔 수업시간에는 눈에 띄지 않았던 학생들이 상위권에 있는 경우도 보았거든요. 그래서 그 학생을 다시 평가하게 되는 계기가 된 적이 있어요.

임세범: 그렇습니다. 아무래도 사이버 공간이다 보니 조용하고 내성적인 학생들도 유감없이 실력을 발휘할 수 있게 되는 측면도 있습니다.

이유석: 학급에서 한 명의 교사가 많은 학생들을 지도하기 때문에 발표, 과제, 시험 등으로만 학생의 학습 결과를 가늠할 수 있는 한계점을 극복하는 대안도 될 수 있겠군요.

• 그림 4-1 **학생별 학습 진행 상황**

• 그림 4-2 **A학생의 수학과목 학습량과 정답률**

Question 5 – 인공지능 교육이 키워주는 미래 핵심 역량

이유석: 이제 대화 주제를 조금 바꿔보겠습니다. 4차 산업혁명 시대로 오면서 4C 역량을 갖춘 창의융합인재가 강조되고 있습니다. 미래 인재 양성을 위한 인공지능 역할은 어떤 것이 있을까요?

임세범: 창의성의 기반이 되는 기본 지식 및 기능을 만드는 데 큰 도움이 될 것으로 보입니다. 학생들이 창의성을 발휘하려면 일단 기본적인 지식을 갖추어야 합니다. 기본을 알아야 창의성을 싹 틔울 수 있고, 학생들이 프로젝트 수업 등에서 주도적인 역할을 할 수 있습니다. 즉, 기초 지식을 갖추고, 일정 수준의 기초학력이 뒷받침되어야 하지요. 학생들의 지식이 구조화되지 않았기 때문에 창의력이 발현되지 않는 경우가 많았습니다.

탄탄한 기본 지식이 필요하므로 인공지능이 학생들이 이를 키워울 수 있도록 도와주어야 합니다. 밑바탕이 단단히 다져진 학생들이 많아지면서 결국, 우리가 강조하는 4C를 갖춘 창의융합형 인재를 기를 수 있는 토대가 되는 것입니다.

이 부분은 '아무도 의심하지 않는 일곱 가지 교육 미신'[2)]이라는 책에도 잘 소개되어 있습니다.

이세진: 기초 및 기본의 중요성은 정말 중요하지만 자주 간과되는 것 같습니다. 이와 관련해 독창적인 화풍을 발전시킨 미술의 거장들도 사실 어마어마한 데생 실력을 갖추고 있는 게 기억납니다. 특히 피카소의 어린 시절 데생을 보면 누구나 혀를 내두를 정도이죠.

---

2) 데이지 크리스토둘루(2018), 페이퍼로드

• 그림 4-3 **파블로 피카소가 9살에 그린 데생(1890년)**

임세범: 네 맞습니다. 실제 수업에서도 기본 틀이 잡히니까, 창의성이 발현되는 사례가 있었어요. 올해 6학년 논설문 수업의 초기에는 창의력이 전혀 발휘되지 않고, 틀에 맞추어서 쓰기 급급했습니다. 수업이 진행되면서 논설문에 대한 기본 지식이 쌓이고 숙달이 되니까, 학생들이 점점 창의적인 글쓰기를 하게 되더군요. 교육에서 기초는 과하다 싶을 정도로 강조되어야 한다고 생각합니다. 학생들의 기초가 탄탄하면 수업 계획을 할 때에도 시간적 여유가 생겨서 개념을 응용해보는 수업이나, 메이커 수업, STEAM 학습, 프로젝트 학습 등 학생들이 창의력을 발현할 수 있는 수업을 더 설계하고 실행할 수 있는 여유도 갖게 됩니다.

Question 6 – 인공지능 시스템과 자기주도학습

이유석: 인공지능 교육 부분에서 선도적인 역할을 해오신 선생님께서 오히려 프로그래밍 능력과 같은 컴퓨터 관련 능력이 아니라 기초기본 교육을

매우 강조하고 있다는 점이 매우 신선하고 흥미롭게 들립니다. 다음 질문입니다. 인공지능 플랫폼과 시스템이 학생들의 자기주도학습에 어떤 영향을 준다고 생각하십니까?

임세범: 플랫폼 자체가 자기주도학습의 장이라고 할 수 있습니다. 문제를 무제한으로 제공하고, 시행착오를 허용하고, 학생들은 하고 싶을 때 문제를 풀고, 즉각적으로 피드백을 받지요. 보상도 받게 되고요. 자기 수준도 바로 진단받을 수 있습니다. 실제로 인공지능 플랫폼 안에는 게임 요소가 곳곳에 녹아있습니다. 아이템을 준다든가, 순위를 알려주고, 학습 활동에 점수를 주며, 더 도전할 수 있는 보너스 과정들을 제공하여 동기부여를 돕지요.

이유석: 어떻게 보면 게임화를 통해서 자기주도학습을 가능하도록 했다고 보면 되겠군요. 인공지능 활용 교육에서 학생들의 자기주도학습이 효과적으로 이루어지도록 할 때 교사로서 어떤 어려움이 있었나요?

임세범: 여러 선생님들도 공감하시겠지만 인공지능 교육을 한다고 학생과 인공지능 시스템을 믿고 전적으로 맡겨두면 안 된다는 것입니다. 학생에 대한 지속적인 관심이 필요하고, 교사가 학생 수준에 맞는 적정한 양을 과제로 계속 주는 것이 필요합니다. 그런 측면에서는 학생들에게 어느 정도는 책임감을 주어야 합니다. 자기주도성이 저절로 발현되는 것은 초등학교 학생 수준에서는 매우 드물다고 생각합니다.

이세진: 그렇다면 초등교육에서 말하는 자기주도성이란 무엇일까요?

임세범: 초등교육의 자기주도성을 논하기는 조금 범위가 넓어질 수 있으니 초등수준 인공지능 활용 교육에 범주를 두고 말씀드리겠습니다. 저는 자기주도학습이란 스스로 숙제하는 시간을 정하고, 그 시간에 집중해서 문제를 해결하는 것이라 생각합니다. 그렇게 하려면 매일 일정한 시간에 일정한 장소에서 학습을 하는 습관을 갖고 있어야 합니다. 온라인 교사 커뮤니티인 인디스쿨의 '엉덩이 힘 키우기 프로젝트'와도 같지요.

요즘 아이들은 앉아 있는 자세 유지 자체가 힘들기 때문에, 학생들이 앉아 있는 훈련이 되어야만 학습이 가능하지요. 그런 측면에서 인공지능이 습관을 형성하는 데 도움이 될 수 있습니다.

이유석: 인공지능이 의자에 앉아 있을 수 있는 힘을 길러주는 것이네요.

Question 7 – 인공지능 활용 교육의 한계에 대하여

이세진: 이제 인공지능을 활용하는 교육의 한계에 대해 이야기해 보죠. 먼저 드리고 싶은 질문은 이것입니다. 학업 수준이 월등히 높거나, 기본보다 심하게 떨어지는 학생들은 인공지능 시스템에서 소위 사각지대에 있는 것은 아닐까요?

임세범: 분명 그 부분은 현재로서 인공지능 활용 교육의 약점이라고 할 수 있겠네요. 클래스팅에서는 '레전드' 등급을 목표로 합니다. 이 등급에 도달해서 문제를 풀면 더 난이도 있는 문제를 풀 수 있습니다만, 결국 답이 정해져 있는 객관식 문제풀이에 머무르게 됩니다. 아무래도 '수학적 탐구력'과 '사고력'을 기르는 더 수준 높고 심화된 수학 교육을 진행하기는 어려울 것으로 보입니다. 상대적으로 수준이 낮은 학생들도 이전 학년의 내용을 배우는 것이 가능해서 어느 정도 도움이 될 것임은 분명합니다. 그러나 수업 결손이 조금 더 많은 학생들의 경우에는 플랫폼을 이용할 때 더 많은 고민이 필요할 것 같습니다.

이세진: 다음 주제로 넘어가 보도록 하겠습니다. 미래 교육을 이야기할 때 흔히 인공지능은 앞으로 '지식 전달자'로서의 역할을 많이 수행할 것이라고 이야기하고 있습니다. 인공지능이 지식 전달자로서의 역할을 효과적으로 수행할 수 있다고 보시나요?

임세범: 그럴 수 있을 거라고 생각합니다. 인공지능은 진단한 결과에 따라 학습자 수준과 취향에 맞게 지식을 제공할 수 있으니까요. 또 인공지능은

24시간, 언제 어디서나 지식을 제공할 것입니다. 그러나 지식을 전달하는 과정에는 단순한 지식 전달, 그 이외의 요소가 많다는 것을 짚고 싶습니다. 그리고 그 요소들이 지식을 전달하는 것 외에 수많은 효과를 불러올 수 있죠. 교사가 지식을 전달할 때는 단순히 지식만 전달하는 것이 아니니까요.

이세진: 같은 재료라도 다른 요리가 나오듯이, 전달자인 교사의 역할에 따라 많은 교육적인 효과가 나올 수 있다는 의미도 되겠네요.

이유석: 다음으로 미래 인재상에 대한 이야기를 좀 더 해보겠습니다. 미래에 대표적인 인재상 중 하나가 협업능력을 갖춘 인재입니다. 인공지능 활용 교육이 학생들의 협업능력에 영향을 줄 수 있을까요?

임세범: 그게 한계점입니다. 지금의 인공지능 시스템에서는 학생들끼리 협업해서 문제를 해결할 기회가 별로 없습니다.

이유석: 교육부의 '인공지능 시대 교육정책방향과 핵심과제'를 읽어보면 인공지능과 인간의 협업을 강조하지만 인간 대 인간의 협업에 대한 언급이 적어요. 미래에 인간과 인공지능의 협업도 중요하지만, 인간 상호 간의 협업능력을 키우는 것도 중요합니다.

이세진: 조금 다르게 생각해볼 수도 있지 않을까요? 협업이 가능하려면 학생들의 기초학력이 일정 수준 뒷받침되어야 하죠. 그런데 그 부족한 학습을 인공지능 시스템이 도와줄 수 있으니, 학생들의 협업을 위한 기초기본능력 형성에는 도움이 된다고 말할 수 있겠네요. 즉, 간접적으로는 도움을 줄 수 있습니다.

Question 8 – 인공지능 교육과 기존 교육의 관계

이유석: 매스컴이나 연구 등을 살펴보면 대부분 기존 교육을 주입식이라 하고 창의력을 키워주지 않는다고 하죠. 반대로 인공지능 교육은 현재 교육의

부족한 부분을 혁신하고 미래를 준비하는 교육이라고 합니다. 선생님께서는 기존 교육과 인공지능 교육의 관계에 대해 어떻게 생각하시나요?

임세범: 아무래도 기존 교육에 부족한 부분이 있을 수 있습니다. 그러나 저는 기존에 우리가 하던 교육이 잘못됐다고 생각하지 않습니다. 다만, 인공지능으로 더 개선된 거죠. 특히 수학 부분에서는 더 똑똑한 '수학익힘책'이 생겼다 정도로 이야기할 수 있겠네요.

이유석: 똑똑한 수학익힘책에 대해 구체적으로 말씀해주시겠습니까?

임세범: 인공지능 시스템은 채점, 진단을 해주는 보조 역할을 주로 합니다. 출제, 채점 등을 인공지능이 대신해주어 교사가 에너지를 아낄 수 있으니, 그 에너지로 학생이 목표에 도달할 때까지 지도하는 것에 사용할 수 있어요.

이세진: 선생님 교실에서는 이것을 어떻게 적용하시나요?

임세범: 저희 학급에서는 학생들이 개인별 노트북을 이용해서 방과 후 시간에 공부를 했어요. 인공지능을 사용해서 교사가 크게 힘들이지 않고도 많은 학생들이 목표에 도달하게 할 수 있는 보조 도구로 활용할 수 있는 것이지요.

Question 9 – 인공지능 교육에서 교사의 역할

이유석: 선생님이 인공지능을 적용한 사례를 조금 더 듣고 싶습니다. 그 과정에서 선생님이 하셨던 역할을 인공지능 정책문서[3]에서 보이는 교사 역할과 연관 지어 이야기해보아도 좋을 것 같습니다.

임세범: 실과 시간에 있었던 메이커 활동[4] 이야기입니다. 우리 반에서는 태블릿을 사용해서 메이킹 영상을 개별적으로 시청하면서 만들었습니다.

---

3) 133쪽 그림 참고

4) 메이커 교육은 창의적인 아이디어를 내는 데서 그치는 것이 아니라 실제로 무언가를 만드는 과정을 통해 과학·기술·공학·예술·수학의 제반 이론을 학습하는 것(STEAM)을 목표로 한다.

영상은 사전에 교사가 제작한 것을 활용하지요.

이세진: 그럼 이것은 교사가 콘텐츠생산자로서의 역할을 한 게 되네요!

임세범: 이 사례 자체가 인공지능 교육이라고 말할 수는 없습니다. 그러나 가까운 미래에 인공지능 교육 플랫폼에서 교사가 할 수 있는 역할을 엿볼 수는 있을 것입니다. 다음으로는 학습조력자로서의 역할과 관련지어 말해볼게요. 학생들이 인공지능 플랫폼에서 영상을 시청할 때, 교사는 순회하면서 학생들에게 개별적으로 피드백해 줍니다.

이유석: 미술이나 과학 혹은 실과 등 실습이 필요한 과목에 정말 유용할 것 같습니다.

임세범: 미술시간에도 동일한 방법으로 할 때가 있어요. 수업과정을 잘 따라가지 못하는 학생들을 지도할 수 있습니다. 또한 인공지능 플랫폼에서 과제를 수행하지 못하면, 배움이 느린 학생이라 방과 후에 남는 게 아니고 나에게 주어진 과업을 다 못했기 때문에 남는 거라는 긍정적 인식을 학생들이 갖게 되는 효과도 있습니다.

이세진: 아이들이 아무래도 그런 점에서는 부끄러워할 수도 있고, 짓궂은 놀림을 받을 수도 있죠.

임세범: 네, 맞습니다. 또 저학년 학생들에게도 큰 도움이 될 수 있습니다. 초등학교 저학년 학생들의 경우 선생님이 옆에 있다는 것만으로 학습에 집중하거든요. 과제 수행은 스마트 기기와 인공지능 시스템으로 하더라도 교사는 학습조력자의 역할을 하는 것이지요.

이유석: 학습설계자와 관련된 역할은 어떻게 생각하십니까?

임세범: 제가 앞서 이야기했던 일련의 과정들을 수업 전에 체계적으로 설계하고, 인공지능과 기타 자원들을 어떻게 활용할지 학생의 수준에 맞춰 고민하는 과정들이 교사의 학습설계자로서의 역할이라고 말할 수 있겠네요.

Question 10 – 인공지능 교육이 나아갈 방향에 대하여

이유석: 통찰력 있는 답변 감사합니다. 이번 인터뷰의 마지막 질문 두 개가 남았습니다. 이제 인공지능 교육의 미래에 대해서 이야기해 보고 싶습니다. 인공지능을 활용한 교육이 나아가야 할 방향은 어떠해야 할까요?

임세범: 저는 질문을 조금 바꿔서 인공지능 교육이 나아가지 말아야 할 방향에 대해 이야기하는 것이 더 중요하다고 생각합니다. 먼저, 감시를 위한 인공지능은 우리가 추구해야 할 방향이 아니라고 생각합니다. 교사가 보는 것과 인공지능이 보는 것은 관심과 감시의 차이로 볼 수 있습니다.

이세진: 그 점에 대해서는 중국이 인공지능을 사용했던 예가 생각나네요. 실시간으로 길거리에 지나다니는 사람들의 얼굴을 스캔하는 것들이요.

이유석: 중국의 교육에서는 인공지능을 사용해 선생님의 목소리를 녹음해서 선생님을 평가하고, 학생들의 머리에 인공지능 헤어밴드를 착용하게 해 뇌파로 집중도까지 확인한다고 하는데, 이런 방법은 교사와 학생들이 감시받는다는 생각을 갖게 하지요. 이런 상황에서 배우고 가르치는 것이 과연 효과적일지는 잘 모르겠습니다.

임세범: 이런 행태들은 흔히 '치밀한 데이터 수집이 인공지능의 승패를 가늠한다'는 생각에서 비롯된 문제들입니다. 이런 점들은 분명히 인권과 같은 윤리적인 문제를 불러올 수 있습니다. 특히, 학생들의 정의적인 부분까지 인공지능이 평가하도록 하는 것은 위험한 일이라고 생각합니다. 그리고 수집한 데이터가 믿을 만한 것인지도 생각해 볼 필요가 있죠. 예를 들어 슬플 때의 반응이 인간마다 다르잖아요. 어떤 사람은 슬플 때 울고, 어떤 사람은 별로 내색을 하지 않는 사람도 있지 않습니까?

Question 11 – 인공지능 활용 교육에서 보완되어야 할 점

이유석: 네, 선생님. 매우 예리한 통찰이라고 생각합니다. 현재 클래스팅 AI나 구글 클래스룸처럼 다양한 인공지능 시스템들이 개발되어 보급되고 있습니다. 인공지능을 활용한 새로운 플랫폼이 개발된다면 어떤 점이 보완, 강조되어 개발되어야 한다고 생각하십니까?

임세범: 제가 강조하는 조건은 4가지입니다.

첫 번째 조건은 무제한 재도전이 가능한가?

두 번째, 학생 수준에 맞는 개별화 학습을 할 수 있는가?

세 번째, 목표한 내용을 담고 있는 과제를 학생 개인에 맞는 분량으로 배부할 수 있는가?

네 번째, 교사, 학부모, 학생이 이해하기 쉬운 학습 분석 데이터 보고서를 제공하는가? 입니다.

이에 더해 AI 시스템은 기존의 수학익힘책과 같은 워크북을 대체할 뿐만 아니라 워크북 수행을 점검하고 피드백하는 데 필요한 노동력을 보조하는 역할을 해야 한다고 봅니다. 특히 영어, 수학 교과가 상대적으로 체계화되어있으므로 이런 방향으로 인공지능 활용성을 높일 수 있을 것입니다. 2025년까지 1인 1기기 정책으로 각급학교 학생들에게 스마트 기기가 지급되면 그 활용도는 더 높아질 것이라고 생각합니다.

이세진: 교사들은 인공지능 교육 플랫폼에 대한 이해와 활용 역량을 키울 수 있도록 노력해야겠군요.

이유석: 지금까지 긴 인터뷰에 귀한 답변해주셔서 감사합니다.

조민의 선생님 인터뷰

'인공지능의 사회적 영향에 대한 교육 중심으로'

Question 1 – 인공지능 교육을 시작하게 된 계기

이유석: 인터뷰에 참여해주셔서 감사합니다. 먼저 첫 번째 질문입니다. 인공지능 교육을 처음 시작하게 된 계기가 궁금합니다.

조민의: 인공지능에 대한 이야기는 사회 전반에 걸쳐 많이 나왔는데, 교육은 항상 사회의 흐름에 뒤처지는 경향이 있다는 것을 오래전부터 느끼고 있었어요. 그래서 앞에서 선도하는 교사가 있으면 좋겠다고 생각했죠. 그래서 시작하게 되었어요.

이세진: 그 이외에도 다른 영향이 있었나요? 선생님이 근무하는 학교가 혹시 인공지능 연구학교나 선도학교였나요?

조민의: 그 외에 또 다른 외적 이유는 없었어요. 저 스스로가 인공지능 교육에 대한 중요성을 인식했다는 점이 가장 주요했습니다.

이세진: 그럼 인공지능 교육에 대한 마음을 다지고 가장 먼저 하셨던 일은 무엇인가요?

조민의: 가장 먼저 서울시 교육청 연수원에서 제공하는 연수프로그램을 신청했어요. 인공지능이 사회를 바꾼다는 내용이었습니다. 강의 내용을 정말 꼼꼼히 필기하고 정리하면서 인공지능에 대한 기반을 닦았습니다. 그리고 그렇게 인공지능 교육에 대한 아이디어를 발전시키게 되었죠.

이유석: 그 아이디어에 대해 조금 더 이야기를 해보고 싶습니다. 인공지능 자체에 대한 교육과 인공지능을 활용한 교육으로 나눠본다면 선생님의 수업 개발 방향은 어떤 쪽이었다고 생각하시나요?

조민의: 선생님들도 아시다시피 교육과정상 인공지능 교육의 카테고리는 크게 세 가지가 있지요. 인공지능에 대한 이해, 인공지능의 활용, 그리고 마지막으로 인공지능의 사회적 영향이에요. 저는 제 아이디어의 초점이 사회적 영향에 있었다고 생각합니다. 인공지능에 대한 이해와 활용의 기반이 최종적으로는 사회적 영향으로 이어져야 한다고 생각했어요.

Question 2 – 인공지능의 사회적 영향 교육 사례

이세진: 인공지능 교육에 대한 연구를 진행하며 인공지능의 사회적 영향을 다루는 경우가 많지 않다는 것을 알게 되었습니다. 구체적인 사례를 좀 들어보고 싶습니다.

조민의: ESG(Environment, Social and Governance) 등 '환경'이 교육계의 화두로 떠오른 지는 이미 오래되었어요. 저는 인공지능을 활용하며 인공지능의 사회적 영향을 하나로 엮어 환경 수업을 할 수 있을까 고민했습니다. 그중 하나를 말씀드릴게요. 저는 3학년, 4학년 학생들을 대상으로 수업을 했습니다.

이유석: 아직 아이들이 어려서 인공지능 같은 추상적인 개념을 이해하기 조금 어려웠을 것 같네요.

조민의: 네. 바로 그 점 때문에 체험 중심으로 수업을 설계했습니다. 4학년 과학에 식물의 생김새와 사는 곳에 대해서 학습하게 되는 부분이 있어요. 이 부분을 가르칠 때, 시각 엔진 AI기술을 이용한 '다음 꽃검색'이라는 도구를 활용했습니다. 수업 프로젝트 이름은 '우리 반 협동 AI 식물도감 만들기'였죠. 스마트 탭을 들고 아이들과 학교를 탐험했습니다.

이세진: 교실에서 영상자료나 교과서로 양지식물, 음지식물에 대해 배우는 것보다 훨씬 재미있었을 것 같아요.

조민의: 네, 아이들이 학습에 몰입하는 모습을 잊을 수가 없어요. 저는 여기에

더해 아이들과 김춘수 시인의 '꽃'을 읽었어요. 그리고 아이들에게 식물들의 이름을 공부해서 불러주고, 관심을 가져줄 때 친환경적인 삶으로 갈 수 있다고 말해줬어요.

이유석: 마음이 따뜻해지는 과학 수업이에요. 인공지능 교육 정책문서에서 보았던 감성적 창조 인재가 떠오르네요.

조민의: 단순하게 인공지능 기능을 알아보고 활용해보는 데에서 나아가 삶의 변화를 만들어내는 것이 중요하다고 생각했어요. 그것이 제가 연수에서 배운 내용이기도 합니다. 그래서 이렇게 인공지능을 더 의미 있게 사용해서 아이들이 살아갈 미래사회에서 변화를 만들어내는 주인공이 되기를 바랐어요.

이세진: 사회적 변화를 이뤄내겠다고 하는 더 큰 목적을 추구하다 보니 인공지능 활용이 자연스럽게 녹아들었네요. 정말 인상 깊습니다.

이유석: 다양한 과목을 재구성하고 사회적 영향과 변화를 만들어내는 목표를 설정하려면 시간과 노력이 더 많이 필요하셨을 텐데 이런 과정이 어렵다고 느껴지지는 않으셨나요?

조민의: 저는 그 과정은 전혀 어렵지 않았어요. 오히려 저는 코딩으로 로봇을 조작하는 등 소프트웨어 측면의 인공지능 교육이 더 어렵게 느껴졌어요.

이세진: 아무래도 코딩은 컴퓨터가 이해할 수 있는 소통방식을 익히고 응용해야 하기 때문에 그럴 것 같아요.

조민의: 저처럼 코딩 쪽으로 큰 관심이 없으신 선생님들은 부담이 많이 되실 거예요. 환경 교육이나 독서 교육에 대해서는 기존에 교육과정과 연계되기도 하고 상대적으로 경험이 많을 거예요. 그렇지만 인공지능 활용을 코딩을 적용해서 하라고 하면 연령대나 전문 지식 유무에 따라 어려움이 분명히 있거든요.

이세진: 최근에 드론 활용 연수를 배웠는데, 이제는 드론 조종뿐만 아니라 드론의 움직임을 코딩하고 인공지능까지 활용해서 명령을 수행할 수 있게

하더라고요.

이유석: 인공지능 교육도 좋지만, 인공지능 교육이 필수적이라는 전제하에 인공지능 요소를 모든 곳에 욱여넣어 트렌드를 맞추는 것이 꼭 좋다고 할 수는 없겠어요.

조민의: 스마트 기기를 자유자재로 다루거나, 코딩의 전문가가 아니더라도 인공지능에 자신감을 가지고 가르칠 수 있는 초등교육만의 인공지능 교사 연수 프로그램이 있어야 한다고 생각합니다. 그렇게 생긴 자신감이 더 큰 전문성으로 뻗어나갈 수 있게 말이에요.

Question 3 – 초등교육에서 인공지능 교육이 나아갈 방향

이유석: 그러면 초등교육에서 인공지능 교육의 방향은 어떻게 나아가야 한다고 생각하시는지 궁금합니다.

조민의: 모든 학생들이 각각의 재능이 다르듯이, 학생들 모두가 코딩을 자유자재로 해내기에는 현실적으로 어려움이 있습니다. 몇몇은 인공지능의 필요성과 사용 경험 그리고 이런 기술의 가능성을 알아보는 데에서 그칠 수도 있지만, 삶에서 프로그래밍을 적용하기를 원하는 아이들도 있을 수 있죠. 저는 초등학교 교사로서 이러한 씨앗을 뿌리는 인공지능 교육을 하고 싶습니다.

이세진: 그게 우리 초등교육목표와도 일맥상통하는 것 같습니다. 초등교육의 목표는 기초 능력과 흥미 형성에 있으니까요.

이유석: 앞서 말씀하신 과학 수업 외에도 기억에 남는 수업이 있으신가요?

조민의: 인공지능 하면 빠질 수 없는 개념인 빅데이터와 관련된 수업이에요. 빅데이터를 쉽게 체험해 볼 수 있는 분석 사이트가 있습니다.

이세진: 혹시 썸트렌드[5] 아닌가요?

---

5) 본문 58쪽, 썸트렌드 참고

조민의: 네 맞습니다. 이 사이트는 교사가 사회, 수학 등 다양한 과목에서 활용할 수 있고 아이들의 반응도 매우 좋았어요.

이유석: 확실히 썸트렌드는 사회와 밀접하게 연결되어 있어 선생님이 추구하는 방향과 일치하네요.

조민의: 네. 수학을 예로 들어 볼게요. 요즘 베이징 동계 올림픽이 한창이잖아요. 썸트렌드에서 올림픽을 검색하면 올림픽에 대한 언급량 변화를 알아볼 수도 있고, 올림픽과 관련한 긍정, 부정 관련 단어들이 워드맵으로 출력됩니다. 그래서 수학시간에 사회 이슈와 연결 지어 그래프로 자료를 표현하는 수업을 한 적이 있습니다. 이런 활용은 수학 외에도 장애 이해 교육이나, 환경 교육 등에도 얼마든지 쓰일 수 있어요.

• **그림 4-4 올림픽과 관련한 워드맵과 긍정 · 부정 단어**

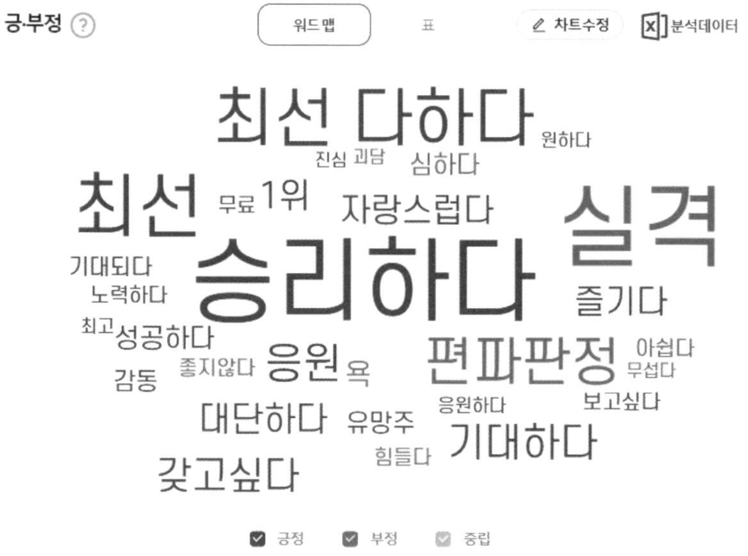

이세진: 정말 수업의 여러 단계에서 쓰일 수 있겠어요. 훌륭한 동기유발 혹은 수업 정리자료가 될 것 같다는 생각이 바로 드네요.

이유석: 인공지능 수업과 관련한 좋은 비법들을 전수해주시니 감사합니다. 조금 전에 인공지능 교육 수업을 했을 때 아이들의 반응이 좋았다고 하셨습니다. 구체적으로 어떤 반응을 보여주었나요?

조민의: 저는 아이들에게 수업 후에 소감을 쓰도록 했어요. 소감문에 "인공지능에 대해 배울 기회가 적었는데 이런 걸 처음 해봐서 재밌었다"는 이야기가 많았어요. 그래서 내가 미래 인공지능 사회를 살아나갈 아이들의 삶에 첫 단추를 끼워줬다는 사실이 뿌듯하기도 하고 또 한편으로는 책임감이 많이 느껴졌어요.

이세진: 조금 전에 소개해주셨던 과학 수업과 관련된 아이들의 반응도 궁금합니다. 수업 중에 아이들 행동에서 기존 수업과 달랐던 점이 있었는지 듣고 싶습니다.

조민의: 아무래도 아이들이 인공지능을 처음 사용해보면 정말 신기해합니다. 신기하니까 다양한 시도를 해봐요. 아까 말씀드린 '다음 꽃검색'이라는 인공지능은 꽃 사진을 찍었을 때 기본적으로 답변을 퍼센트로 표시해줘요. 그래서 75%나 80%가 나오면 자연스럽게 더 높은 점수가 나오도록 여러 번 사진을 찍게 되는 거죠. 그래서 아이들이 자기도 모르게 꽃의 가장 특징적인 부분을 알아내고 스스로 꽃의 개념을 구성해나간다는 것을 발견했습니다.

이세진: 아이들이 스스로 시행착오를 거쳐 가며 학습을 하게 되는군요. 도전하고, 실패하고, 다시 배워보는 과정이 자연스럽게 녹아있어요. 지난번 임세범 선생님과 나눴던 이야기와 같은 맥락이네요.

이유석: 학교 주변에 있는 식물 전부를 교사가 다 알려줄 수도 없고 한 명 한 명 관찰한 식물이 다르다 보니 동시에 피드백을 주기가 매우 어렵죠. 이런 상황에서 인공지능 교육이 빛을 발한다고 이야기할 수도 있을 것 같습니다. 여기서 교사는 학생들을 가이드 해주면 되는 것이군요.

Question 4 – 인공지능 교육에서 교사의 역할

이세진: 우리들의 대화가 자연스럽게 교사의 역할로 넘어가게 되네요. 여기 보여드리는 정책문서에 보면 인공지능 교육에서 교사는 콘텐츠생산자, 학습조력자, 학습설계자로 역할이 구분됩니다. 그리고 결국 개별화 교육 구현자로서의 역할을 수행하게 되지요. 선생님은 인공지능 교육에서 교사의 역할에 대해 어떻게 생각하시나요?

조민의: 표에서 나오듯이 교사의 역할이 하나에 특정되기는 매우 어렵다고 생각합니다. 그러나 제 경험을 돌이켜볼 때, 저는 인공지능 교육에서 교사의 학습설계자 역할이 가장 선행되어야 한다고 봐요. 먼저 학습을 설계하고 그 설계안을 바탕으로 콘텐츠를 만들어내고 마지막으로 아이들

• 그림 4-5 AI 시대 교사의 역할

□ **다양한 역할에 집중하고 각 역할별 전문성을 강화**

○ AI를 포함한 교사 간 협업을 통해, 교사 ⇄ 학생 간 교수·학습에서 **교사진 ⇄ 학생 간 교수학습 환경**으로 전환

• (현재) 교사1인 ⇄ 학생 1인 ⇨ (미래) 교사진(교사1, 교사2, 교사3) ⇄ 학생 1인

○ 교사 업무를 **역할별로 분류**하여 협업의 효과성을 제고하고, **교사양성과정부터 역할별 전문성 강화**를 지원

콘텐츠생산자	학습조력자	학습설계자
다양한 교육 **콘텐츠 제작 주력**	학습동기·의지 형성 지원 등 **자기주도학습 태도 형성 주력**	콘텐츠 조합·활용 등 **맞춤형 학습설계 주력**
+	+	+
(공통) 폭넓은 의미의 개별화 교육 구현자		
학생 개개인 관점에서의 **비판적 질문, 적극적 경청, 정서적 돌봄 등**		

출처: 관계부처 합동(2020), 인공지능시대 교육정책방향과 핵심과제

을 도와주는 역할을 하게 되더라고요.

이유석: 그럼 기본적으로 이 틀에서 제시한 교사 역할에 대해서는 동의하시는군요.

조민의: 네, 전반적으로 이 역할을 수행한다는 측면에서는요. 하지만, 저라면 학습설계자를 가장 왼쪽으로 배치하고 중간에는 콘텐츠생산자, 그리고 마지막으로 학습조력자 순서로 배치하고 싶습니다. 학습설계 이후에 콘텐츠 생산과 학습조력자의 역할로 자연스럽게 이어지니까요.

이세진: 저는 이 표를 보면서 교대나 사범대에 다니고 있는 예비교사들이나 기존 교사들에게 새로운 기회를 줄 수도 있겠다는 상상을 해봤습니다.

이유석: 조금만 더 자세히 말씀해주세요.

이세진: 네, 조민의 선생님 답변 내용에서 영감을 얻었는데요. 학생마다 가진 재능이 다르듯이, 교사들 또한 그렇다고 생각하거든요.

이유석: 정말 그렇죠. 주변을 보면 참쌤스쿨로 유명한 김차명 선생님처럼 탁월한 비주얼 싱킹 능력과 그에 맞는 스토리텔링 능력이 있는 교사가 있는가 하면, 송석리 선생님처럼 코딩과 데이터 분석으로 대학강의까지 나서는 선생님도 있으시거든요.

이세진: 바로 그 점입니다. 우리는 교육대학교를 나오면 대부분 교사가 된다는 생각을 하고 모두 임용고시를 준비하는데요. 이제는 시대에 맞춰 인공지능 교육을 사회의 변화로 만들어내는 수업을 설계하는 교육 디자이너, 그리고 설계에 따라 흥미로운 교육 콘텐츠를 생산 혹은 발굴하는 크리에이터도 필요하다고 생각합니다. 제가 공부했던 영국의 대학교에서는 학과 교수님이 수업 설계를 할 때, 온라인 콘텐츠 개발자와 컴퓨터 시스템 운영자가 함께 협의하더라고요.

이유석: 재미있는 상상입니다. 인공지능, 빅데이터, 메타버스 등 4차 산업혁명 시대에 맞는 새로운 직업 창출이라는 측면도 생각해볼 수 있겠군요.

이세진: '인공지능', '메타버스'와 같은 새로운 교육 흐름이 도입되면 교육 현장에서는 항상 좋은 반응만 있지는 않았던 것 같습니다. 선생님께서 인공지능 교육을 하시면서 어려웠던 점은 무엇이 있었을까요?

조민의: 공익성과 전문성을 모두 갖춘 인공지능 교육 콘텐츠를 개발하는 일이었습니다. 모든 학생이 역량에 크게 구애받지 않고 참여할 수 있으면서도, 사회적 영향을 고려할 수 있는 방향으로 수업을 설계하다 보니 코딩과 같은 소프트웨어의 요소가 부족해졌습니다. 이 부분은 제가 앞으로 더 연구해야 할 부분이 되겠지요.

이세진: '공익성'과 '전문성'이라고 표현하였는데, 선생님과 반대로 소프트웨어 요소만 강조된 인공지능 교육에 대해서는 어떻게 생각하시나요?

조민의: 인공지능 교육의 개념을 다소 좁게 생각하시는 분들이 있다고 생각합니다. "인공지능 교육에는 '코딩', '로봇' 등이 무조건 포함되어야 한다", 더 나아가서는 "코딩 없는 인공지능 교육은 인공지능 교육이 아니

다"는 식의 사고이지요. 그러나 저는 인공지능 교육이 더 발전하기 위해서는 이러한 정형화된 접근이나 편견에서 벗어나야 한다고 봐요.

이세진: 맞습니다. 주변의 생각에만 휩쓸리다 보면 일정한 프레임에 갇혀 더 큰 발전이 없는 경우가 많지요. 새로운 시도에 대한 공감과 지원해 주는 분위기가 필요하겠네요.

Question 5 – 인공지능 교육의 바람직한 교육 형태

이유석: 교육의 형태에는 여러 가지가 있습니다. 인공지능 교육의 이상적인 교육 형태는 무엇이 있을까요?

조민의: 수업 전 학생의 배경지식을 만들어주는 것이 매우 중요합니다. 이런 영역에서는 인공지능 시스템을 활용한 비대면 수업 형태가 효과적일 수 있습니다. 학생의 자기주도학습도 가능할 수 있고요.

이세진: 조민의 선생님께서 강조했던 인공지능의 사회적 영향 수업처럼 '결과가 열려있는' 영역에서는 대면 수업이 더 적합할 것 같아요.

조민의: 제가 수업에서 강조했던 것이 학생들의 생각이나 감정의 '공유'인데, 그것들은 비언어적 측면이 강하기 때문에 비대면 수업에서는 내면화되기 어렵지요. 또 앞서 이야기한 학습설계자로서 교사의 역할에서 개방형 과업과 개방형 질문을 설계하는 게 중요합니다.

이유석: 올해 대면 수업과 비대면 수업을 함께 블렌디드 수업으로 진행해 보니 수업 주제에 따라서 비대면 수업이 어려운 경우가 있었습니다. 인공지능 교육도 교육 주제에 따라 수업 형태를 유연하게 적용해야 할 것 같습니다. 선생님께서 직접 적용하신 수업 사례를 들어 이야기해 주실 수 있으실까요?

조민의: 저도 코로나로 인해 대면 수업과 온라인 수업을 모두 진행했습니다. 바다 오염을 막을 수 있는 인공지능 시스템을 개발하는 수업과 장애를

가진 분들을 도울 수 있는 인공지능 디자인 수업을 진행하며 학생들 생각을 공유했습니다. 학생들의 반응과 변화는 대면 수업에서 더 적극적이었습니다.

• 그림 4-6 **바다 오염을 막을 수 있는 인공지능 시스템 개발**

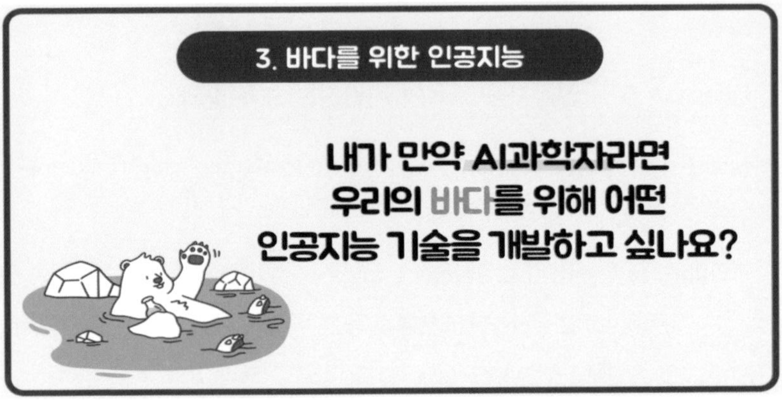

출처: 조민의 선생님 수업자료

• 그림 4-7 **장애를 가진 사람을 도울 수 있는 인공지능 시스템 개발**

출처: 조민의 선생님 수업자료

이세진: 확실히 대면 수업이 가지는 효과와 매력이 있는 것 같습니다. 선생님이 인상적으로 보았던 학생들의 반응과 변화는 무엇이 있었을까요?

조민의: 그 반응은 비언어적인 부분이 컸습니다. 수치로 계량하기는 어렵지만, 수업을 진행하는 교사는 느낄 수 있습니다. 학생들이 완전히 수업에 몰입하는 것, 감동적인 이야기에 숨을 죽이고 눈물을 글썽이는 것들을 말할 수 있겠네요. 확실히 현장감이 다릅니다.

Question 6 – 인공지능 교육이 키워주는 미래 핵심 역량

이유석: 학생과의 교감을 통해 느낄 수 있는 뜨겁고 벅찬 감정이 교사에게 주는 가장 큰 보상인 것 같습니다. 다른 주제로 넘어가 보겠습니다. 4차 산업혁명 시대의 핵심 역량으로 4C(의사소통역량, 협업역량, 창의력, 비판적 사고력)가 강조되고 있습니다. 선생님이 적용하신 수업은 4C 중 어떤 역량들을 기르는 데 도움이 되었다고 보시나요?

조민의: 2021년에 인공지능 교육을 주제로 연구를 진행하고 결과를 통계내 보니, 학생들의 창의력과 의사소통역량, 비판적 사고력이 높게 나왔습니다. 협업역량은 상대적으로 좀 낮게 나왔어요.

이유석: 왜 그런 결과가 나왔을까요?

조민의: 먼저 창의력과 의사소통역량, 비판적 사고력이 높게 나온 이유는 제가 강조한 수업 주제가 인공지능의 사회적 영향이다 보니, 사회에 도움을 주는 인공지능 개발 활동과 그것을 발표하는 활동들을 많이 한 것이 원인인 것 같습니다. 정리하면, 더 나은 사회를 만들기 위해 새로운 아이디어를 떠올리고 친구들과 공유하는 활동들이 많았지요. 다음으로 협업역량이 낮게 나온 것은 코로나로 인해 모둠활동의 기회가 제한된 것이 원인으로 보여요.

이세진: 학생들이 모여 머리를 맞대고 토론과 토의를 했던 순간들이 그리워지

네요. 선생님의 수업을 듣고 학생들의 창의력이 신장되었다고 느꼈던 경험이 있으신가요?

조민의: 인공지능의 머신러닝 기법을 활용해서 해양오염을 해소하기 위한 분류 시스템을 만드는 수업 중이었어요. 저는 학생들의 결과물이 단순한 해양쓰레기 분류 프로그램 정도일 것이라고 예상했는데 한 학생이 후쿠시마 원전에서 오염물질을 방류하는 문제를 떠올렸어요. 자신이 만든 인공지능 로봇을 머신러닝으로 학습시켜 바다로 방류된 원전의 오염물질을 정화하는 기계를 만들겠다는 생각을 발표했습니다. 제가 수업을 설계하면서 의도하지 않은 부분까지 생각해낸 것을 보며 오히려 제가 세상을 바라보는 시야가 넓어졌다고 느꼈어요.

이유석: 교사로서 보람을 많이 느끼셨겠습니다. 다른 사례도 있을까요?

조민의: 장애가 있는 사람들을 인공지능 기술로 도와주는 수업을 한 뒤였습니다. 한 학생의 꿈이 의사인데 병원에 못 가는 가난한 사람, 거동이 불편한 노인, 보호받지 못하는 소외계층을 위해 의료 로봇을 개발하겠다는 겁니다. 그 로봇은 머신러닝으로 환자들의 데이터를 수집해서 증상을 분석하고 응급조치를 해줍니다. 또 병원에 데이터를 전송하는 로봇이었어요. 로봇이 인간의 역할을 해주면서 비싼 병원비를 절감할 수 있다는 것까지 떠올렸던 거지요. 학생에게 뜨거운 꿈을 심어준 것 같아 뿌듯했습니다.

이유석: 따뜻한 마음을 지닌 감성적 창조 인재의 모범답안인 것 같습니다. 요즘 학교폭력이 심해지면서 자녀가 올바른 인성을 갖추는 것에 대한 관심이 높아지고 있습니다. 인공지능 교육이 학생들의 인성교육에도 긍정적인 영향을 줄 수 있을 것으로 보이네요.

이세진: 지금까지 인공지능 교육이 학생에게 주는 긍정적인 영향에 대한 이야기를 해보았습니다. 이전 임세범 선생님과의 인터뷰에서는 인공지능 교육의 사각지대가 있다는 지적이 나왔었습니다. 예를 들어 기초학력

이 많이 부족한 학생과 또래 학생들의 수준보다 학업 능력이 월등한 학생들은 수혜를 적게 받는다는 내용이었습니다. 선생님이 발견하신 사각지대는 없었나요?

조민의: 제가 교육한 분야는 지식적인 측면보다 정의적인 역량을 키워주는 수업이었습니다. 학생 개인의 배경지식이나 공감능력 차이에 따라 교육 효과가 다를 수는 있겠지만 모든 학생들이 제각각의 모습으로 의미 있는 성장을 해냈다고 평가합니다.

Question 7 – 인공지능 교육에 대한 학부모 인식과 향후 보완점

이유석: 교육의 효과를 위해서는 학생뿐만 아니라 가정에서의 지지와 협조가 매우 중요한데, 인공지능 교육에 대한 학부모 인식은 어땠나요?

조민의: 예상하지 못했던 새로운 주제를 배우는 것에 대해 놀라셨어요. 저는 '인공지능의 사회적 영향'을 주제로 학부모 공개수업을 했었는데 많은 분들이 몰입해서 참관하셨어요. 학부모님에게도 인공지능 교육은 생소한 내용이기 때문에, 인공지능이 장애가 있는 분들을 도울 수 있다는 사실에 신기해하시더라고요.

이세진: 학부모님들이 인공지능에 대해 정확히는 모르시더라도 관심은 많으신 것 같습니다.

조민의: 네, 자녀를 인공지능 교육에 계속 참여시키고 싶은 의향이 있으시냐고 물었을 때는 95% 이상의 학부모가 '매우 그렇다'고 답했습니다.

이유석: 매우 긍정적인 반응이네요. 새로운 시도를 하는 교사들에게 큰 힘이 되겠습니다. 인공지능 교육을 하는 교사들이 앞으로 많아질 것 같습니다. 교육부는 2025년부터 인공지능을 초 · 중 · 고 정규 교육과정에 도입한다고 합니다. 수업을 진행할 교사들이 주의할 점은 없을까요?

조민의: 인공지능에 대한 사회적 합의가 되지 않은 부분이 많습니다. 예를 들어

자율주행 자동차 사고가 났을 경우 피해 책임 주체에 대한 것이라든가, 인공지능이 불러올 수 있는 새로운 빈부격차 문제 등입니다. 교사가 사전에 그런 문제들에 대해 충분히 고민한 뒤에 수업을 해야 의미 있는 결과를 낼 수 있다고 생각합니다.

이세진: 인공지능은 미래사회에 도움이 되도록 긍정적으로 쓰여야 할 부분인데, 깊이 생각하지 않고 활용하다 보면 안 좋은 결과로도 이어질 수 있지요. 딥페이크 기술의 악용사례처럼요.

조민의: 그렇기 때문에 학생들에게 인공지능의 윤리 교육도 꼭 해주어야 합니다. 인공지능이 지향하는 최고의 가치는 '인간성'이라는 슬로건의 인공지능 10대 핵심요건을 소개하는 것도 필요하구요.

• 그림 4-8 **인공지능 윤리기준 10대 핵심요건**

10대 핵심요건

인권보장　프라이버시보호　다양성 존중　침해금지

공공성　연대성　데이터 관리　책임성　안전성　투명성

출처: 관계부처 합동(2020), 인공지능(AI) 윤리기준

이유석: 참 많은 이야기들을 나누었습니다. 마지막으로 우리나라 인공지능 교육에서 보완되어야 할 점이 있다면 무엇이 있을까요?

이세진: 핀란드 교육 사례에서 한 가지를 찾을 수 있습니다. 인공지능을 활용해 앱을 만드는 수업이 그 주제였습니다. 앱을 개발하다 보니 아이들이 코딩을 해야 하는데 담임 선생님이 잘 모르는 부분이 있을 수 있었죠. 교사의 전문 분야가 아니니까요. 그때 컴퓨터 학과 학생들과 교수들이 그 부분을 보충 지도합니다. 이렇게 교실 안에서 다른 분야의 전문가도 함

께해서 피드백을 줄 수 있으면 더 효과적일 것이라고 생각했습니다.

조민의: 공감합니다. 우리나라도 코딩 수업에서는 전문 컴퓨터 강사 등 인력이 있는데, 인공지능의 사회적 영향 수업에 대해서는 지원해 줄 뚜렷한 전문 인력이 드뭅니다. 이런 쪽의 인력 네트워크도 필요하다고 생각합니다.

이유석: 해당 분야는 인문학과 관련된 내용이 많으니 법학과, 철학과 학생들이나 교수가 와서 재능 기부 형태로 지도해주면 더 좋은 결과를 만들 수 있는 수업이 되겠네요.

이세진: 네, 선생님. 지금까지 긴 인터뷰에 귀한 답변해주셔서 감사합니다.

참고문헌

Chapter 1. AI 제대로 알기

뉴욕 데일리 뉴스(The New York Daily News)(1997. 5. 12.), “kasparov has deep blues after losing” new york times

마젠타 작곡 80초 피아노곡 https://cdn2.vox-cdn.com/uploads/chorus_asset/file/6577761/Google_-_Magenta_music_sample.0.mp3

서울시 구로구청(2021. 5. 28.), 구로구, AI 기술로 골목길 사고 예방한다!

어린이 조선일보(2018. 8. 14.) “알려주마! 인공지능] 1956년 ‘다트머스 회의’ 인공지능을 토론하다” http://kid.chosun.com/site/data/html_dir/2018/08/13/2018081301925.html

이투뉴스(2021. 5. 27.), “로봇바리스타 24시 무인카페 알리바바 점포형 매장 연이어 오픈”, 이종도 기자

이코노미스트 인터뷰(2021. 2. 4.), “Babbage: Clash of the titans”

조선비즈(2016. 1. 28.), “이세돌에 도전장 낸 구글 “100만번 대국으로 훈련시켰다…결사항전의 자세””, 강인효 기자·류현정 선임기자

조선일보(1997. 5. 13.), “인간이 컴퓨터에 졌다”

Chapter 2. AI와 교육 넓게 살펴보기

관계부처 합동(2020), 인공지능시대 교육정책방향과 핵심과제 – 대한민국의 미래 교육이 나아가야 할 길

관계부서 합동(2020), 인공지능(AI) 윤리기준

교육부(2021), 국민참여 미래 교육과정

교육부·한국과학창의재단(2021), 학교에서 만나는 인공지능 수업(초등1~4학년)

아이작 아시모프(2008), 아이, 로봇, 우리교육

이주호·정제영·정영식(2021), AI 교육 혁명, 시원북스

조민의(2021), 인공지능교육을 처음 시작하는 교사들을 위한 YES AI교육프로젝트 교수학습자료집

중앙일보(2021. 9. 19.), “이란 핵과학자 암살범, 이스라엘 ‘얼굴 인식’ 킬러로봇

이었다"
한국과학창의재단(2020), 초·중등 인공지능 교육 내용 기준
한국교육개발원(2020), 교육통계 분석자료집
허유선·이연희·심지원(2020), 인공지능 윤리와 로봇윤리, 차이와 연속성: 모두의 윤리로서 인공지능 윤리를 향하여. 철학·사상·문화, 34, 41-72.
Duckworth, A. L., Peterson, C., Matthews, M. D., & Kelly, D. R. (2007). Grit: perseverance and passion for long-term goals. Journal of personality and social psychology, 92(6), 1087.
EBS 지식채널e(2020), "알 수 없는 연결고리"
Norton, B. (2013). *Identity and Language Learning: Extending the Conversation*. Bristol, Blue Ridge Summit: Multilingual Matters. https://doi.org/10.21832/9781783090563
KT-케이티(2020), 제 이름은 김소희입니다[마음을 담다 KT]
Suzuki, Y., Tamesue, D., Asahi, K., & Ishikawa, Y. (2015). Grit and work engagement: A cross-sectional study. PloS one, 10(9), e0137501.

Chapter 3. 교실 속 AI 이야기

대구신문(2020. 1. 13.), 우리 영어선생님은 'AI 스피커'
서울 신상도초등학교 유튜브(2021), "AI-DAY"

Chapter 4. AI 교육의 현재와 미래

데이지 크리스토둘루(2018), 아무도 의심하지 않는 일곱 가지 교육 미신, 페이퍼로드
Haenlein, M., & Kaplan, A. (2019). A brief history of artificial intelligence: On the past, present, and future of artificial intelligence. California management review, 61(4), 5-14.
Harari, Y. N. (2018). 21 Lessons for the 21st Century. Random House.
Michael Wooldridge(2021), A Brief History of Artificial Intelligence. macmillan
Tamimi Sa'd, S. H. (2017). Foreign language learning and identity reconstruction: learners' understanding of the Intersections of the self, the other and power. CEPS Journal, 7(4), 13-36.

Vartiainen, H., Toivonen, T., Jormanainen, I., Kahila, J., Tedre, M., & Valtonen, T. (2021). Machine learning for middle schoolers: Learning through data-driven design. International Journal of Child-Computer Interaction, 29, 100281.

저자 약력

이세진

공주교육대학교 초등영어교육과 학사, 서울교육전문대학원 초등영어교육학 석사, 영국 랭커스터 대학교 교육학 박사 학위를 취득하고 현재 서울 공립초등학교에 재직 중이다.

기술 발달과 교육 개혁 사이의 관계에 대해 많은 관심을 갖고 있으며, 이 시대가 요구하는 바람직한 교사상에 대해 연구하고 있다.

최근에는 다양한 인공지능을 실제 교실에 적용하면서 이에 대한 효과를 학계에 발표하고 있으며, 국내외 대학교 교수진들과 협업하며 인공지능 교육과 관련한 연구 프로젝트를 진행 중이다.

이유석

공주교육대학교 초등영어교육과 학사, 서울교육전문대학원 교육심리학 석사 학위를 취득하고, 현재 서울 공립초등학교에서 13년 차 교사로 근무하며, 아이들과 함께 성장하며 행복한 수업을 만들어 가고 있다.

2018~2020년 서울교육대학교 교생 실습 지도교사로 활동 중에 교육의 패러다임이 바뀌고 있으며, 미래 인재를 길러내기 위해서는 교사 스스로 새로운 변화에 적응해야 함을 느꼈다.

현재 서울시교육감지정 연구교사로 활동하고 있으며, 연구하는 교사로서 미래를 살아갈 학생들에게 꼭 필요한 것들을 지도하는 것이 앞으로의 목표다.

교육, AI로 그리다: 선생님이 묻고 선생님이 답하다

초판발행 2022년 10월 31일

지은이 이세진 · 이유석
펴낸이 노 현

편 집 김다혜
표지디자인 Ben Story
제 작 고철민·조영환

펴낸곳 ㈜ 피와이메이트
서울특별시 금천구 가산디지털2로 53, 한라시그마밸리 210호(가산동)
등록 2014. 2. 12. 제2018-000080호
전 화 02)733-6771
f a x 02)736-4818
e-mail pys@pybook.co.kr
homepage www.pybook.co.kr
ISBN 979-11-6519-343-0 93370

정 가 12,000원